다양한 주제를 통해 배우는

고급 러시아어

다양한 주제를 통해 배우는 고급 러시아어

1판 1쇄 발행_2011년 03월 20일
1판 4쇄 발행_2023년 04월 20일

지은이_P.A. Кулькова·박혜옥
펴낸이_홍정표

펴낸곳_글로벌콘텐츠
등록_제25100-2008-000024호

공급처_(주)글로벌콘텐츠출판그룹
대표_홍정표 이사_김미미 **편집**_임세원 강민욱 백승민 문방희 권군오 **기획·마케팅**_이종훈 홍민지
주소_서울특별시 강동구 풍성로 87-6 **전화**_02-488-3280 **팩스**_02-488-3281
홈페이지_www.gcbook.co.kr

값 12,800원
ISBN 978-89-93908-27-5 03790

русский язык как иностранный

материалы для развития речи на продвинутом этапе
большой выбор тем для беседы

다양한 주제를 통해 배우는

고급 러시아어

Р.А. Кулькова • 박혜옥 공저

글로벌콘텐츠

Предисловие • 머리말 •

Данное пособие предназначено для студентов продвинутого этапа обучения, которые освоили русскую предложно-падежную систему, синтаксис простого и сложного предложения, а также русский глагол. Целью пособия является совершенствование навыков перевода с русского на корейский, расширение лексического запаса учащихся, а также совершенствование навыков устной и письменной речи.

Данная книга отличается от других пособий по языку. В ней собраны разные проблемные ситуации, которые стимулируют естественное желание говорить на какую-то тему. Беседе предшествует анализ трудностей, которые возникают при переводе с русского языка на корейский. В пособии анализируются такие трудные случаи словоупотребления, как *конкуренция–соперничество, моральный–нравственный–духовный–душевный, доброжелательный–добрый, ревновать–завидовать*, а также употребление существительных, у которых форма единственного и множественного числа имеют разное значение(*жалоба–жалобы, отношение–отношения* и другие). Некоторые особо трудные случаи перевода (в том числе отдельные синтаксические структуры, которым в корейском языке нет аналога) комментируются в разделе ПРИЛОЖЕНИЯ.

к.ф.н. Р.А. Кулькова

В текстах пособия использованы идеи русских ученых(таких как И.С.Кон, Ф.Е.Василюк, А.С.Спиваковская и др.), а также материалы российских средств массовой информации.

이 책은 러시아어의 기본 문법을 숙지하고 있는 한국어를 모국어로 하는 러시아어 학습자를 대상으로 하고 있다. 러시아어 어휘와 표현을 늘리고 글과 말에서 러시아어 실력을 향상시키는 것이 이 책의 목적이다. 특히 이 책에는 고급 러시아어 구문과 표현이 풍성히 담겨 있는데 그것은 러시아어의 기본 회화표현을 넘어서서, 다양한 주제에 관해 논점을 가지고 자신의 의견을 표현하고자 할 때 반드시 필요한 부분이다. 본문의 러시아어 텍스트는 서울대, 상명대에서 십 수년간 한국학생을 지도해 오신 라이사 꿀꼬바 교수님이 다년간 수집해오신 생생한 러시아어 문장으로 이루어져 있다. 거기에 공저자인 필자가 한국인의 시각에서 러시아어 표현과 한국어 표현간의 불일치에서 오는 많은 문제점들을 체계적으로 분석하여, 명확하게 주요 표현들의 차이점을 제시하고, 구문분석과, 다양한 예문의 사용을 본문의 각 장 끝에 덧붙이고 있다. 또한 한국어 번역은 의역보다는 직역을 원칙으로 하되, 러시아어 구문 구조를 보여주려는 노력에 자연스러움을 덧붙였다. 또한 부록1에서 러시아어 구두점, 부정인칭 구문, 일반화의 표현, 접속사 а, да, 무생물 주어구문 등을 해석할 때의 주의점등을 중점적으로 설명해 놓았다. 특히 동의어들의 사용상의 차이점, 용법이라든가 단수-복수명사의 의미 차이에 관한 설명은 다른 책에서는 찾아 볼 수 없는 최초의 시도이다. (예로 конкуренция–соперничество, моральный–нравственный–духовный–душевный, доброжелательный–добрый, ревновать–завидовать, употреблять–использовать–пользоваться, жалоба–жалобы, отношение–отношения 등의 차이점, 용법등이 설명되어져 있다.) 또한 부록 2에서 러시아어로 담화할 때 많이 쓰이는 전형적인 표현들 목록과, 부록 3에서 본문에 나오는 중요단어 설명이 학습자들의 편의를 위해 제시 되어져 있다.

이 책은 학습자가 혼자서도 러시아어 실력을 배양할 수 있도록 구성되어 있을 뿐만이 아니라, 러시아어 본문만을 보고 한국어를 번역해보고, 또한 한국어 부분만을 보고 러시아어로 작문하는등의 다양한 교수법을 통해 러시아어의 읽기, 쓰기, 말하기 실력배양에 통합적으로 사용될 수 있다. 본 교재가 러시아어 전공자들뿐만이 아니라, 러시아어를 배우고자 하는 사회 각 분야의 사람들에게 도움이 되기를 바란다.

박 혜 옥

목 차

Как работать с текстами пособия

책의 본문을 공부하는 방법

Прочитайте текст, переведите его на корейский язык, используя Приложение 3. Обратите внимание на перевод выделенных в тексте слов и словосочетаний. Сравните свой перевод с данным ниже переводом. Ответьте на поставленные в тексте вопросы, используя Приложение 2. В случае синтаксических и лексических затруднений используйте Приложение 1.

본문을 읽고, 한국어로 번역해보세요. 부록 3을 사용하여 본문에 (붉은색 글씨로) 구별해 놓은 단어와 어결합의 번역에 주목하세요. 자신의 번역과 다음 쪽의 주어진 번역을 비교해보세요. 부록2를 사용하여 본문에 있는 질문들에 답하세요. 어려운 구문과 어휘는 부록 1을 사용하여 참고하세요.

주제 1

고향과 이름: 그것은 나에게 무엇을 의미하는가?

Тема 1

Родина и имя: что это значит для меня?

1 Поговорим об имени, поговорим о прозвище

Расскажи́те, кто дал вам и́мя. Почему́? У него́ есть значе́ние или оно ничего́ не означа́ет? Вам нра́вится ва́ше и́мя? Ва́ши и́мя и фами́лия распространённые или ре́дкие? Вы ча́сто встреча́ете свои́х тёзок и однофами́льцев? На ваш взгляд, бы́ло бы лу́чше, е́сли бы ка́ждый челове́к получа́л оригина́льное, неповтори́мое, индивидуа́льное и́мя? Хорошо́ ли, что лю́ди но́сят одина́ковые имена́ (тёзки) и фами́лии (однофами́льцы)?

Не́которые лю́ди са́ми приду́мывают себе́ второ́е (дома́шнее, повседне́вное) и́мя. Вы зна́ете таки́е слу́чаи? Как вам ка́жется, почему́ они про́сят называ́ть их други́м и́менем?

У вас бы́ло (есть) про́звище? Кто вам его дал? Оно нра́вится вам? А кому́ дава́ли про́звища вы? У вас при́нято дава́ть про́звища преподава́телям, сосе́дям, изве́стным лю́дям?

1 이름과 별명에 대해 잠시 얘기해봅시다.

누가 당신에게 이름을 지어 주었는지 얘기해 보세요. 왜죠? 이름에는 의미가 있나요? 혹은 그것이 아무 것도 의미하지 않나요? 당신은 자기의 이름이 마음에 듭니까? 당신의 이름과 성은 흔한 것인가요 혹은 희귀한 것인가요? 당신은 당신과 같은 이름을 가진 사람들을 종종 만납니까? 당신은 당신과 같은 성을 가진 사람들을 종종 만납니까? 당신이 보기에는, 만약에 각 사람이 독창적이고 반복될 수 없는 개개인의 이름을 얻게 된다면 그것이 더 좋을까요, 어떨까요? 사람들이 같은 이름을 가지거나 같은 성을 가지는 것이 좋습니까, 아닙니까?

몇몇 사람들은 제2의 이름(집에서 부르는 이름)을 스스로 생각해서 만들어 냅니다. 당신은 그런 경우를 알고 있습니까? 그들이 왜 자기들을 다른 이름으로 부르라고 요청하는지, 그것에 대해 어떻게 생각하십니까?

당신에게 별명이 있었습니까(있습니까)? 그것을 누가 붙여 주었습니까? 당신은 그것이 마음에 드십니까? 아니면 당신이 누구에게 별명을 붙여준 경우들이 있습니까?

강사 선생님들에게, 이웃들에게, 유명인들에게 별명을 붙여주는 것이 당신의 나라에서는 일반적으로 흔한 일입니까?

주요 구문과 표현

1. 반복되는 행위나 속성들에 대해 말할 때, 러시아어에서는 복수명사를 사용한다.

> 예) Лю́ди ча́сто теря́ют зонты́, очки́, кошельки́. 반복 되는 행위
> Я люблю́ соба́к и ко́шек. 속성

본문에서도 아래 예문에서 보듯이, 같은 경우에 복수 명사가 사용되고 있음을 볼 수 있다.

> ~ча́сто встреча́ю тёзОК и однофами́льцЕВ; ~кому́ вы дава́ли про́звищА.

2. 토론을 주로 다루는 텍스트에서는 가정법의 형태가 전형적으로 많이 쓰인다.

> Бы́ло бы лу́чше, е́сли бы~ 과거동사 만약 ~라면 더 좋을 텐데
> 예) Бы́ло бы лу́чше, е́сли бы ка́ждый челове́к получа́л оригина́льное и́мя.

3. **носи́ть одина́ковые имена́** 같은 이름을 가지다
дать имя 이름을 지어주다
дать прозвище 별명을 붙여주다

4. 러시아어 텍스트에서 '그러한 전통이 있기에, 사람들이 마땅히 ~해야한다'는 생각을 담은 문장은 직설적으로 표시되기 보다는 다음과 같은 구문으로 사용된다.

> Где (у кого) при́нято + инф.
> 예) У нас при́нято кла́няться при встре́че. (=В на́шей стране́ лю́ди должны́ кла́няться при встре́че) 만날 때 절하는 것이 우리나라에서는 전통이므로 마땅히 그래야만 한다.

У вас при́нято + инф~? 당신의 나라에서는 일반적으로 ~합니까? ~하는 것이 전통입니까?

예) У вас в стране при́нято дава́ть про́звища преподава́телям?

예) В ра́звитых стра́нах не при́нято гро́мко разгова́ривать в обще́ственном тра́нспорте.

2 Взять фамилию мужа? Оставить свою фамилию?

В одни́х стра́нах же́нщины по́сле заму́жества беру́т фами́лию му́жа (или ча́сть его и́мени). В други́х–оставля́ют свою фами́лию. Как обы́чно быва́ет в ва́шей стране́? Кака́я систе́ма вам бо́льше нра́вится? Почему́?

3 Имя влияет на судьбу или не влияет?

Кто́–то ве́рит в то, что на судьбу́ челове́ка о́чень влия́ет имя. Имя– это проро́чество, выраже́ние наде́жд и чувств роди́телей: бу́квы и́мени– это связь с вы́сшими мира́ми. Други́е утвержда́ют, что то́лько от самого́ челове́ка зави́сит, каки́м он будет, како́й будет его судьба́. Связь ме́жду и́менем и судьбо́й– это са́мое распространённое суеве́рие, предрассу́док.

А вы что ду́маете? Если у челове́ка пробле́мы и он ду́мает, что это из–за и́мени, сто́ит ли ему смени́ть и́мя? Или меня́ть и́мя не име́ет смы́сла?

2 남편의 성을 따라야만 할까요?[1] 자신의 성을 그대로 두어야 할까요?

어떤 나라에서는 여자가 결혼 후에 남편의 성(혹은 그의 이름의 일부)을 가져가게 됩니다. 한편 다른 나라에서는 자신의 성을 그대로 두고 있습니다. 당신의 나라에서는 보통 어떻습니까? 어떤 제도가 당신은 더 마음에 드십니까? 그 이유는 무엇인가요?

3 당신의 이름이 운명에 영향을 미칩니까? 아니면 영향을 미치지 않습니까?

어떤 이는 이름이 사람의 운명에 상당한 영향을 끼친다고 믿고 있습니다. 이름–그것은 예언이며, 부모들의 희망과 느낌의 표현입니다. 다시 말하자면 이름의 철자들–그것은 보다 높은 세상과의 연관입니다. 다른 사람들은 그가 어떤 사람이 될 것인가는 단지 자신에게만 달려있다고 주장합니다. 이름과 운명 사이의 연관성–그것은 가장 널리 퍼져있는 미신이고 선입견입니다.

그런데 당신은 어떻게 생각하십니까?[2] 만약에 사람에게 문제가 있는데, 그는 그것이 이름 때문이라고 생각하고 있다면, 그는 이름을 다른 것으로 바꿀 필요가 있을까요, 아니면 필요없을까요? 혹은 이름을 바꾸는 것이 아무 의미도 없을까요?

---

1) 서술어로 동사의 활용꼴을 사용하지 않고 원형부정사를 사용한 문장의 해석에 대해서는 부록1〈4〉를 참조하시오.

2) 의문사 Что의 여러 가지 해석에 대해서는 부록1〈11〉을 참조하시오.

주요 구문과 표현

1. 러시아어의 복수명사가 한국어에서는 단수로 쓰이는 다음의 경우에 주목하시오.

예) ~у челове́ка ***пробле́мы~*** 사람에게 문제가 있다.
~выраже́ние ***наде́жд*** и ***чу́вств~*** 희망과 감정의 표현

2. **влия́ть/повлия́ть на что, на кого** ~에 영향을 미치다

예) Пого́да влия́ет на меня́, на моё настрое́ние.

3. **ве́рить/пове́рить во что; кому/чему** ~의 존재, 실현 등을 믿다;
~를 신뢰한다

예) Он ве́рит в Бо́га.
Он ве́рит в социали́зм и в коллективи́зм.
예) Я ве́рю ему и его слова́м.

4. 러시아어에서 비인칭구문이라고 해도 아래의 예에서 보듯이 행위의 주체는 보통 여격으로 언급 된다.

예) Тебе сто́ит посмотре́ть этот фильм.

한편 행위의 주체가 언급되지 않을 때는 일반적인 주어일 경우이다.

예) Этот фильм сто́ит посмотре́ть.
= Этот фильм сто́ит посмотре́ть всем.
В Сиби́ри хо́лодно= В Сиби́ри хо́лодно всем.

5. кому стоит + инф~ -는 ~할 필요가 있다

예) Фильм интере́сный–тебе сто́ит его посмотре́ть.

Там хо́лодно, не сто́ит туда́ е́хать.

кому стоит только + инф~ -는 ~하기만 하면 된다

예) Вам сто́ит только сказать. 당신은 말하기만 하면 된다.

4 Где ваша родина?

Обы́чно на вопро́с: «Отку́да вы?»–отвеча́ют, называ́я свою страну́: «Я из… Моя ро́дина–…». Но оди́н мудре́ц на вопро́с: «Где ваша ро́дина?»–ответил так: «Ро́дина–не террито́рия, а тради́ции, привы́чки, менталите́т (восприя́тие ми́ра), о́браз жи́зни». Друго́й сказа́л, что ро́дина– это не национа́льность, а язы́к, на кото́ром ты ду́маешь, это культу́ра, кото́рую ты принима́ешь. А вот еще оди́н интере́сный отве́т: «Моя ро́дина там, где мои́ кни́ги, пи́сьма и архи́в».

А как вы мо́жете сказа́ть о себе́? Моя ро́дина там, где мои́ друзья́? Моя́ семья́? Мой родно́й дом? Возлю́бленный(–ая)? Хоро́шая рабо́та? Почему́?

주요 구문과 표현

1. 주어를 명시하지 않고 동사를 3인칭 복수형태로 활용하는 꼴을 사용하는 부정 인칭구문이 러시아어에서 일반적 주어를 나타내는데 많이 사용된다. (자세한 설명은 부록1 〈7〉을 참고하시오.)

예) На вопрос… отвеча***ют*** так.

На Востоке уважа***ют*** старость. В Африке голода***ют***.

4 당신의 고향은 어디입니까?

"어디에서 오셨나요?"라는 질문에 보통 자신의 나라를 부르면서 "나는 …에서 왔어요. 나의 고향은 …"이라고 답합니다. 그러나 "당신의 고향은 어디 입니까?"라는 질문에 한 철학자는 다음과 같이 대답했습니다. "고향은 영토가 아니라, 전통, 습관, 사고방식(세상에 대한 인식), 생활 양식이다."라고. 다른 이는, 고향은 민족성이 아니라, 네가 그것으로 생각하는 언어이며, 네가 받아들이는 문화라고 말합니다. 그리고 바로 여기에 재미있는 한 대답이 있습니다. 즉 그것은 "나의 고향은 나의 책과 편지들과 고문서가 있는 그곳이다."라는 대답입니다.

당신은 자신에 대해 어떻게 말할 수 있습니까? 나의 고향은 나의 친구들이 있는 곳입니까? 나의 가족, 내가 태어난 집, 사랑하는 사람, 좋은 직장이 있는 곳입니까? 그 이유는요?

2. отвеча́ть/отве́тить (на вопро́с, на факс, на име́йл, на любо́вь)
(질문 · 팩스 · 이메일 · 사랑)에 대해 대답하다

예) Ле́ктор смог отве́тить на все вопро́сы аудито́рии.

3. не~, а– ~가 아니라, –이다

예) – Это сту́дия? – Нет, это не сту́дия, а мастерска́я.
–На фо́то твой де́душка? – Нет, не де́душка, а дя́дя.

5 Знать много поколений своих предков надо или не обязательно?

Не́которые лю́ди пло́хо зна́ют да́же то, как зва́ли и кем бы́ли их праба́бушка и праде́душка. А други́е о́чень интересу́ются свое́й родосло́вной и зна́ют мно́го поколе́ний свои́х пре́дков, иногда́ бо́льше двадцати́. А ско́лько поколе́ний ва́ших пре́дков изве́стно вам? Что для вас ва́жно в ва́шей родосло́вной? Ско́лько поколе́ний пре́дков жела́тельно знать, как вы ду́маете?

Ну́жен ли семе́йный альбо́м с фотогра́фиями всей родни́ и генеалоги́ческим де́ревом? На́до ли храни́ть ве́щи и архи́в пре́дков?

Пра́вильно ли говоря́т, что если не зна́ешь исто́рии своего́ оте́чества и своего́ ро́да, то у тебя нет Ро́дины?

Мо́жно ли согласи́ться с тем, что на́до уважа́ть пре́дков, даже если они де́лали оши́бки, и что если у наро́да нет па́мяти–у него нет и бу́дущего?

5 자신의 선대의 조상들에 대해 알 필요가 있습니까, 아니면 반드시 알 필요는 없습니까?

몇몇 사람들은 증조할머니, 증조할아버지의 이름도, 그들이 어떤 분인지에 대해서조차 잘 모릅니다. 그러나 다른 이들은 자신의 족보에 굉장히 관심이 많아서 많은 선조 세대들을 알고 있고 때로는 20대손 위까지도 알고 있습니다.

그러면 당신에게는 선조들의 몇 대가 알려져 있습니까? 당신의 족보에서 당신에게 중요한 것은 무엇입니까? 몇 대손까지 아는 것이 바람직하다고 생각하십니까?

모든 친족의 사진과 계통수를 담은 가족 사진첩이 필요한가요, 아닌가요? 선조의 물건과 고문서를 간직하는 것이 필요한가요, 아닌가요?

만약에 자신의 조상과 자신의 종족의 역사를 알지 못한다면 그것은 너에게는 조국이 없는 것이다라고 말하는 것은 옳습니까, 아닙니까? 만약에 조상들이 실수를 저질렀다고 할지라도, 조상들을 존경해야 할 필요가 있다는 것과, 만약에 한 민족에 (과거에 대한) 기억이 없다면 그에게는 미래도 없다는 것에 동의 하실 수 있으십니까, 아닙니까?

주요 구문과 표현

1. 반복되는 행위를 표시할 때는 러시아어에서 복수명사가 사용된다. (12쪽 설명1 참고)

예) *хранить вещИ*

2. кто интересу́ется чем/кем ~가 ~에 관심(흥미)이 있다

예) У него мно́го книг о ру́сском бале́те: он интересу́ется балетом.

예) Один челове́к тобо́й интересу́ется, мо́жно я дам ему твой име́йл?

3. согласи́ться в чём/с кем ~에서 ~와 동의하다

예) Я не могу́ согласи́ться с вами в том, иску́сство не воспи́тывает. Оно воспи́тывает. Пра́вда, не всех.

согласи́ться инф ~하는 데 동의하다

예) Мы предложи́ли ему командиро́вку, и он сразу согласи́лся пое́хать.

6 Вы–домосед? Вы–путешественник, турист?

Люди делятся на домоседов и путешественников. Домоседы не любят ездить. Им достаточно своей страны. А путешественники не могут жить без поездок, экскурсий, путешествий. Они любят ездить, смотреть разные города и страны. А вы какой человек? А ваши друзья?

Что значит 'хороший отдых' в вашей стране? Пляж? Ресторан с танцами? Поездка за границу (в группе, самостоятельно)?

Как вы думаете, что такое 'воспитанный турист'?

7 Столица–зло, а провинция–добро? Так ли это?

Одни не любят простодушную провинцию (эти скучные окраины!) и в восторге от столичной жизни. Другие считают самовлюблённую столицу царством зла: столичный образ жизни (особенно власть) развращает, там черствеет даже добрый человек... А провинция–мир простоты, добра, большей близости к природе. Многие великие люди были самородками и родом из провинции.

Ваше мнение о столице и провинции?

6 당신은 집에 있기를 좋아하는 사람입니까? 당신은 여행가, 여행자입니까?

사람들은 집에 있기를 좋아하는 사람과 돌아다니기를 좋아하는 사람으로 나뉘어집니다. 집에 있기를 좋아하는 사람들은 여기저기 돌아다니기를 좋아하지 않습니다. 그들에게는 자신들의 나라면 충분합니다. 그러나 돌아다니기를 좋아하는 사람들은 유람, 견학, 여행 없이는 살 수 없습니다. 그들은 여기저기 돌아다니기를 좋아하고, 다양한 도시들과 나라들을 구경하고 싶어합니다. 그러면 당신은 어떤 사람입니까? 그리고 당신의 친구들은요?

당신의 나라에서는 좋은 휴식이라는 것은 무엇을 의미합니까? 해변? 춤추며 노는 레스토랑? 외국 여행(단체, 개인)?

교양 있는 여행자가 도대체 무엇일까라는 것에 대해 당신은 어떻게 생각하십니까?

7 대도시 수도는 악이고, 시골은 선이라고요? 정말 그런가요?

어떤 사람들은 순박한 시골(이러한 심심한 변두리 지방들!)을 좋아하지 않습니다. 그리고 대도시(수도)의 생활에 황홀해합니다. 다른 이들은 자신이 잘난체 하는 대도시를 악의 제국(악의 소굴)이라 여깁니다. 왜냐하면 그것이 대도시적 생활방식(특별히 권력)을 타락시켜서, 착한 사람마저도 무감각하게 만들기 때문에. 그러나 시골은 자연에 가장 가까운 소박하고, 선한 세상이기에. 많은 위인들은 시골 출신의 타고난 재능을 가진 자들이었기 때문입니다.

대도시 수도와 시골에 대한 당신의 의견은 어떠십니까?

주요 구문과 표현

1. дели́ться на что, кого ~로 나뉘어지다

예) Стра́ны ми́ра де́лятся на ра́звитые и развива́ющиеся.

예) С то́чки зре́ния темпера́мента лю́ди де́лятся на сангви́ников, меланхо́ликов, флегма́тиков и холе́риков. 기질의 관점에서 볼 때 사람들은 다혈질의 사람, 우울증의 사람, 점액질의 사람(느리고, 둔한 사람), 담즙질의 사람(급한 사람)으로 나뉘어진다.

2. достаточно чего ~로 충분하다

예) Нам достаточно одной бутылки.

3. кто в восто́рге от чего ~에 황홀해하여

예) Он не лю́бит эстра́ду, но от этого певца́ он в восто́рге.

예) Я не в восто́рге от его хо́бби–он коллекциони́рует сига́ры.

4. близость к чему ~에 가까움

예) Гла́вное для рабо́ты–бли́зость к дому, поэ́тому я ищу́ рабо́ту недалеко́ от дома.

Разыгрываем диалоги

Разыграйте диалоги в соответствии с ситуациями.

다음의 상황들에 맞게 역할극을 하세요.

1. Вы собира́етесь за рубе́ж. Вам говоря́т, что там при́нято вести́ себя́ не как на ва́шей ро́дине. Вы счита́ете, что на́до соблюда́ть обы́чаи други́х стран или там должны́ быть к вам терпи́мы, потому́ что вы тра́тите там свои́ де́ньги?
2. Семья́, перее́хав в го́род, реша́ет, продава́ть ли дереве́нский дом, ведь там прошло́ де́тство.
3. Оди́н поэ́т твори́т в дере́вне: нет интри́г, за́висти, спле́тен! Друго́й–в столи́це: плохо́е есть везде, а столи́ца– это столи́ца! Приезжа́й!
4. Хара́ктер наро́да я́рче всего́ выража́ется в иску́сстве? В экономи́ческих достиже́ниях? В вое́нной мо́щи?
5. Тури́ст звони́т администра́тору гости́ницы с жа́лобой, потому́ что но́чью ему меша́ет спать... шум мо́ря!
6. А: Ску́чные, бана́льные фами́лии и имена́ надо меня́ть!
   Б: Меня́ть ну́жно то́лько неблагозву́чные имена́ и фами́лии.
7. Госуда́рственные фла́ги должны́ висе́ть везде́ постоя́нно (во двора́х, в о́фисах, до́ма) или по пра́здникам? На́до ли учи́ть наизу́сть слова́ ги́мна?
8. Вы вступа́ете в брак и не соглаша́етесь смени́ть свою́ фами́лию на фами́лию супру́га. Вас пыта́ются уговори́ть.

9. Вы с дру́гом бесе́дуете о сла́ве. Он ви́дит её плю́сы (все узнаю́т вас на у́лице), вы–ми́нусы (нельзя́ скрыть свои́ посту́пки, свою́ жизнь).

10. Друзья́ да́ли вам неприя́тное про́звище. Вы оби́делись, а роди́тели сове́туют вам поду́мать, не ва́ши ли посту́пки причи́на э́тому?

Пишем сочинение

1. Моя ма́лая ро́дина.
2. Что зна́чит для меня моя родосло́вная.
3. В сосло́вных имена́х–исто́рия страны.
4. Нарица́тельные имена́ в литерату́ре мое́й страны́ (в миро́вой литерату́ре).

Дополнительный материал 보충 자료

Познакомьтесь с пословицами, скажите, какая вам нравится больше всего и почему.

속담을 알아보고, 어떤 것이 가장 마음에 드는지, 그 이유는 무엇인지 말해 보세요.

Русские пословицы 러시아어 속담

- Ро́дина–мать, чужби́на–ма́чеха. 조국은 어머니이고, 타국은 계모이다.
- Где роди́лся, там и пригоди́лся. 태어난 곳, 그곳이 쓸모가 있다.
- Без и́мени ребёнок–чертёнок. 이름 없는 어린이는 사탄이 된다: 아이가 태어나면 바로 이름을 지어주어야 한다. 안 그러면 그 아이는 사탄이 될 수 있다.
- Хоть горшко́м назови́, только в печь не станови́ (или: не ставь). 항아리라 불러도 좋지만, 난로에 넣지만 마라: 즉 나를 뭐라 부르는 것은 이래도 저래도 다 괜찮지만 실제로 사용은 하지 마라. (러시아에서 горшок은 그 속에 음식물을 담아 페치카 속에 집어 넣어 음식을 데우거나 요리하는 데 쓰던 항아리로써 이 속담은 농담식으로 많이 쓰인다.) (나를 돼지라 불러도 좋지만, 잡아먹지만 마라.)

주제 2

일상의 아름다움: 외모와 패션에 대하여

Тема 2

Красота каждый день: о внешности и моде

1 Конкурсы красоты и… клубы некрасивых

Кто–то сказа́л, что красота освеща́ет мир вокру́г нас, это как гениа́льность, даже бо́льше, чем гениа́льность, потому́ что понять её мо́жет ка́ждый, да́же ребёнок. Действи́тельно, красота́ (в любо́м её проявле́нии) волну́ет и восхища́ет, отвлека́ет от пробле́м.

Среди люде́й с краси́вой вне́шностью постоя́нно прово́дят ко́нкурсы красоты́. Мно́гим таки́е ко́нкурсы о́чень нра́вятся. Как шу́тят, без до́ма, без хле́ба, без воды́ мо́жно, а без красоты́ нельзя́!

А в одно́й стране́ в знак проте́ста про́тив этих я́кобы унизи́тельных ко́нкурсов откры́ли… «Клуб некраси́вых». Чле́ны клу́ба уве́рены, что, во–пе́рвых, черты́ лица́– это не гла́вное. Коне́чно, снача́ла мы обраща́ем на них внима́ние, но пото́м привыка́ем и перестаём замеча́ть (как краси́вые черты́, так и не очень). Во–вторы́х, краси́вы не те, у кого́ «краси́вые» нос, подборо́док, бро́ви и так да́лее, а те, в ком есть обая́ние, шарм, есте́ственность, доброта́, ум. Настоя́щая красота́–в глаза́х. А некраси́вы то́лько те, в ком есть вну́треннее уро́дство.

В–тре́тьих, соревнова́ться, у кого́ лу́чше вне́шность– суета́, лу́чше соревнова́ться с сами́м собо́й: сего́дня быть лу́чше, чем вчера́, ка́ждый день соверше́нствоваться. Наконе́ц, само́ поня́тие этало́на красоты́ относи́тельно. У ка́ждого челове́ка, у ка́ждого наро́да–свой этало́н, а люба́я но́рма– это усреднённость, а не уника́льность. Красота́ должна́ быть ра́зной–в э́том её жизнь. Про́сто на́до учи́ться её ви́деть!

Ва́ше мне́ние? Нужны́ ли ко́нкурсы красоты́? Нужны́ ли клу́бы некраси́вых? Не явля́ется ли клуб некраси́вых таки́м же ко́нкурсом , то́лько наоборо́т?

1 미인 대회와 못 생긴 사람들의 클럽

아름다움은 우리들 주위의 세상을 밝혀주며, 그것은 천재성과 마찬가지이거나, 오히려 천재성보다 더한 것이다, 왜냐하면 누구나가 심지어 어린이까지도 그것을 이해할 수 있기 때문이다라고 누군가가 말했습니다. 실제로, 아름다움은(어떻게 발휘되건 간에) 흥분시키고, 황홀하게하고, 문제에서 벗어나게 합니다.

아름다운 외모를 가진 사람들 사이에서 계속 미인대회가 거행됩니다. 많은 사람들이 그러한 대회들을 아주 마음에 들어합니다. 집 없이, 빵 없이, 물 없이 지내는 것은 가능하나, 미인 없이 지낼 수 없다고 농담들을 합니다.

한 나라에서는 마치 모욕과도 같은 이러한 대회에 반대하는 항의의 표시로써 '추녀 클럽'이 개최되었습니다. 클럽의 회원들은 다음과 같은 것을 확신하고 있습니다. 첫째로, 얼굴의 생김새 그것은 중요한 것이 아닙니다. 물록 우리들은 처음에는 그것에 관심을 보이지만, 나중에는 익숙해져서 그것을 주목하는 것을 그만두게 됩니다. (마치 아름다운 용모가 그렇게 지나치게 아름다운 것은 아니게 되듯이). 둘째로, 미인이란, 아름다운 코, 턱, 눈썹 등을 갖고 있는 그런 사람들이 아니라, 그에게 매력, 매혹, 자연스러움, 선, 지혜가 있는 사람이라는 것입니다. 현재의 미인은 눈으로 보는 것입니다. 그러나 자신에게 내면의 추한 면이 있는 자들만은 아름답지 못합니다.

셋째로, 더 나은 외모를 가진 자들이 경쟁하는 것은 무가치한 일입니다. 그것보다는 오히려 스스로와 경쟁하는 것이 더 낫습니다. 왜냐하면 오늘은 어제보다 더 낫고, 매일매일이 완성되어져 가는 것이기 때문입니다. 결국 미의 표준이라는 개념 자체는 상대적인 것입니다. 각 사람에게, 각 민족에게 자신의 표준이 있고, 어떤 규범이든지 그것은 평균화된 것이지, 독창적인 것은 아닙니다. 아름다움이란 다양해야만 하고, 그래야만 그 속에 생명력이 있습니다. 단지 그것을 보는 것을 가르칠 필요가 있습니다!

당신은 의견은 어떻습니까? 미인대회가 필요한가요 아닌가요? 추녀 클럽이 필요한가요 어떤가요? 그러한 대회에 의해 그런 클럽이 생긴 것인가요 아닌가요, 아니면 단지 반대의 경우인가요?

주요 구문과 표현

1. отвлека́ть/отвле́чь кого от чего ~를 ㅡ에서 벗어나게 한다

예) Ра́ньше он игра́л в казино́, но новая интере́сная рабо́та смогла́ отвле́чь его от э́той плохо́й привы́чки.

2. обраща́ть/обрати́ть на что внима́ние ~에 관심을 갖다

예) Когда вы чита́ете книги, обраща́йте внима́ние на дета́ли.

2 Внешность отражает душу? Внешность обманчива?

Есть така́я невесёлая жите́йская му́дрость: доброде́тель, конечно, хва́лят, уважа́ют, почита́ют, а лю́бят–то всё равно́ то́лько красоту́, с ума схо́дят то́лько по красоте́! Красота́ сра́зу привлека́ет. И краси́вые почти́ всегда́ ка́жутся хоро́шими! Вот, наприме́р, что случи́лось в про́шлом ве́ке: за одина́ковые преступле́ния суди́ли двух же́нщин, одна́ из кото́рых была́ настоя́щей краса́вицей. Краси́вую же́нщину суд оправда́л, а другу́ю осуди́л на год ка́торги и год тюрьмы́. Люди возмуща́лись таки́м реше́нием, но судья́ наста́ивал: «Вне́шность отража́ет ду́шу! И поро́чность, и благоро́дство всегда́ так или ина́че выража́ются в черта́х лица́».

Пра́вильно ли поступи́л судья́? Может, «зао́чный» суд лу́чше?

Вы согласны, что и плохо́й челове́к (по хара́ктеру гре́шник, чудо́вище, сатана́), так и хоро́ший челове́к (по хара́ктеру а́нгел, свято́й) мо́гут име́ть любу́ю вне́шность: ослепи́тельно краси́вую, обы́чную, простова́тую или да́же уще́рбную? Ве́рно ли говорят, что су́щность нельзя́ увиде́ть глаза́ми?

Отража́ются ли во вне́шности хара́ктер и род де́ятельности? Вне́шность обма́нывает или нет, меша́ет ви́деть ду́шу или помога́ет?

2 외모는 정신을 반영합니까? 외모는 속임수입니까?

다음과 같은 그다지 유쾌하지 않은 생활의 지혜가 있습니다. 즉 선행은 물론 칭찬받고, 존경받고, 숭상받지만, 마찬가지로 아름다움만이 사랑받는 것이고, 미인에 대해서만이 정신이 나가게 된다!는 것. 아름다움은 즉시 매력을 줍니다. 그래서 미인들은 거의 항상 착한 사람들로 여겨집니다! 예를 들면, 바로 이것이 지난 세기에 일어났던 일입니다. 즉 같은 죄로 두 여인이 기소를 받았고, 그 중 한 여자는 진정한 미인이었습니다. 법정은 그녀를 무죄로 인정했으나, 한편, 다른 여인을 1년 징역에 1년 감옥형으로 판정했습니다. 사람들은 그러한 판정에 분개했으나 재판관들은 다음과 같이 주장했습니다. "외모가 정신을 반영해준다! 그리고 비도덕성도 고귀함도 항상 얼굴의 생김새에 이러 저러하게 나타난다."라고.

재판관이 옳게 행동했습니까, 아닙니까? 아마도, 결석재판이 더 나았을까요?

당신은 나쁜 사람(특성상 죄인, 괴물, 사탄)도 좋은 사람(특성상 천사, 성자)도 어떤 용모(즉 눈이 멀 정도로 아름다운, 보통의, 얼빠진 혹은 이지러지는 용모)도 가질 수 있다는 것에 동의하십니까나? 본질은 결코 눈으로 볼 수 없다고들 하는 말을 믿습니까 아닙니까?

외모에 성격과 행동의 종류가 반영됩니까 아닙니까? 외모가 (사람을) 속일 수 있습니까, 없습니까?외모 때문에 사람의 마음을 아는 것이 방해됩니까? 아니면 도움이 됩니까?[3)]

3) 주어가 무생물인 경우의 해석은 부록1 〈9〉 참조요

주요 구문과 표현

1. осуждáть/осуди́ть кого на что ~를 ─로 기소하다

예) Судья́ осуди́л вино́вных на три года тюрьмы́.

2. возмущáться/возмути́ться чем ~에 분개하다

예) Я возмущáюсь его посту́пками, но он не обращáет на меня внимáния.

3 Красота– это дар? Красота– это наказание?

Красота́ счита́ется тала́нтом само́й Приро́ды, её бесце́нным пода́рком челове́ку. Это предме́т го́рдости, предме́т поклоне́ния. Но иногда́ красота́ мо́жет ста́ть наказа́нием, вызыва́ть раздраже́ние: краси́вым лю́дям зави́дуют и да́же мстят. Но и красота́ сама́ ча́сто развращает челове́ка. Краси́вые, ду́мая, что у них есть всё для успе́ха, мо́гут ма́ло рабо́тать над собо́й и в зре́лые го́ды интеллектуа́льно и нра́вственно опусти́ться, дегради́ровать...

Каки́е посло́вицы о красоте́ вы знаете? И как реши́ть: красота́–дар или наказа́ние, бла́го или бре́мя?

3 아름다움–그것은 천부의 선물입니까? 아름다움–그것이 벌입니까?

아름다움은 자연 그 자체의 재능으로 여겨지며, 인간에게 주어진 무한한 가치의 선물로 여겨집니다. 그것은 자만의 대상이며, 숭배의 대상입니다. 그러나 때때로 아름다움은 벌이 되어서 격분을 불러 일으킬 수 있습니다. 즉 아름다운 사람들은 질투를 받게되고 심지어 보복을 당하기도 합니다. 그러나 아름다움 그 자체도 자주 인간을 타락시킵니다. 미인들은 자기들이 성공을 위한 모든 것을 가지고 있다고 생각하기에, 자기 완성을 위해 노력을 적게 할 수 있고, 성숙해야할 때에 지적으로나 도덕적으로 저하되고, 쇠퇴할 수 있습니다.

아름다움에 대한 어떤 속담들을 당신은 알고 있습니까? 그리고 아름다움은 선물입니까 혹은 벌입니까, 축복인지 아니면 부담인지를 어떻게 결정할 수 있습니까?

주요 구문과 표현

1. 한국어로 '부러워하다, 시기하다' 등의 의미를 가진 러시아어 단어는 **зави́довать**와 **ревнова́ть**가 있는데, 전자는 부러움의 원인이 상대방이 장점을 많이 가지고 있기 때문인데 반해, 후자는 부러움의 원인이 사랑을 획득하려는 경쟁심리 때문이라고 볼 수 있다. 따라서 **ревнова́ть**는 한국어로 '질투하다'에 더 가까운 의미를 가진다고 본다.

1) **зави́довать кому, чему** ~를 부러워하다, 시기하다

예) У нее прекра́сные лицо́ и фигу́ра, и мно́гие же́нщины зави́дуют ей, её вне́шности.
예) Она зави́стливая–зави́дует всему́ и всем.

2) 〈비교〉 **ревнова́ть кого к кому/к чему** ~를 –에 대해 질투하다

예) Оте́лло ревни́вый: он ревну́ет Дездемо́ну к друго́му мужчи́не.
예) Она так лю́бит му́жа, что ревну́ет его да́же к его рабо́те: не хо́чет, чтобы он мно́го вре́мени проводи́л в о́фисе.

2. **мстить/отомсти́ть кому за что** ~에게 –에 대해 보복하다

예) Салье́ри зави́довал Мо́царту и его тала́нту, поэ́тому он хотел отомсти́ть Богу за то, что сам не получи́л тако́го тала́нта.

4 Надо менять внешность или не сто́ит?

Лю́ди по–ра́зному отно́сятся к свое́й вне́шности. Не́которые де́лают пласти́ческие опера́ции, соверше́нствуют ра́зные ча́сти лица́ и те́ла, чтобы остава́ться ю́ным, привлека́тельным. Красота́ как смысл жи́зни стано́вится для не́которых люде́й ма́нией, нарко́тиком, навя́зчивой иде́ей! Может, это быва́ет от недоста́тка любви́?

Другие, хотя и не в восто́рге от свое́й вне́шности, но смири́лись со свои́ми недоста́тками и уве́рены, что меня́ть вне́шность не сто́ит, это недосто́йно челове́ка: ведь те́ло, фигу́ра, лицо́ со́зданы Бо́гом, ка́ждый челове́к– это Бо́жий за́мысел!

Тре́тьи лю́бят себя́ таки́ми, каки́е есть: и свои́ досто́инства, и свои́ недоста́тки. Они принима́ют своё те́ло как прекра́сный инструме́нт жи́зни и лишь у́чатся подчёркивать свои́ досто́инства и скрыва́ть недоста́тки с по́мощью оде́жды, косме́тики. Они стремя́тся и к теле́сной красоте́ (наско́лько это возмо́жно), и к разви́тию свое́й ли́чности. Ведь мо́жно быть краси́вым по–разному. Косме́тика, дие́та, спорт, пра́вильное пита́ние–коне́чно! Но есть ещё позити́вное мышле́ние, до́брые дела́, любо́вь к себе́ и други́м! Красота́– это тво́рчество: души́ и тела́.

Како́е отноше́ние к себе́ вам ка́жется пра́вильным?

Опера́ции– это тупи́к или вы́ход?

4 외모를 바꿀 필요가 있습니까 아니면 그럴 필요가 없습니까?

사람들은 자신의 외모에 대해 여러 가지로 태도를 취합니다. 어떤 이들은 젊고, 매혹적으로 남아있기 위해 성형수술을 해서, 얼굴과 몸의 다양한 부분들을 더 좋게 완성시킵니다. 생의 의미로서의 아름다움이 어떤 이들에게는 편집증, 마취제, 강박관념으로 됩니다! 아마도 그것은 사랑 부족 때문에 생기는 일일까요?

다른 이들은 자신의 외모에 대해 경탄하지도 않지만, 자신의 부족한 부분에 대해 받아들이고, 외모를 바꾸는 것은 불필요하며 그것이 사람에게는 적합지 않다고 주장합니다. 왜냐하면 신체, 몸의 형태, 얼굴은 바로 하나님에 의해 창조된 것이고, 각 사람은 바로 신의 계획에 의한 것이기 때문입니다!

세번째 부류의 사람들은 있는 그대로의 자신을 사랑합니다. 즉 자신의 장점도 자신의 단점도 다 사랑합니다. 그들은 자신의 몸을 마치 아름다운 생명의 도구로 받아들여서 자신의 장점을 강조하고 단점들은 의복과 화장품의 도움으로 감추려는 것을 배우기만 합니다. 그들은 (가능한 한) 몸의 아름다움을 위해서도 자신의 개성의 발전을 위해서도 노력합니다. 정말로 다양한 방법으로 아름답게 될 수 있습니다. 화장품, 다이어트, 운동, 옳은 음식 섭취는 물론입니다! 그러나 역시 긍정적 사고, 선행, 자신과 타인에 대한 사랑 또한 필요합니다! 아름다움–그것은 창작물입니다: 다름아닌 영혼과 몸의 창작물입니다.

당신은 어떤 마음가짐이 옳다고 여깁니까? 수술–그것은 막다른 골목입니까 아니면 출구입니까?

주요 구문과 표현

1. 한국어로 '성형수술하다'에 해당하는 러시아어 단어는 **делать пласти́ческИЕ опера́цИИ**로 복수명사가 쓰임에 주의해야한다.

2. 러시아어 단어 **отноше́ние**(단수)와 / **отноше́ния** (복수)는 그 의미와 쓰임에 있어 차이가 있다.

отноше́ние кого (где) к кому/чему 태도, 마음가짐	отноше́ния между кем, у кого с кем 인간관계
예: Како́е отноше́ние к себе́ вам ка́жется пра́вильным? 예: Ребёнку неприя́тно холо́дное отноше́ние к нему учителе́й. 예: В Росси́и отноше́ние к иностра́нцам гума́нное. 예: Любо́вь–самое нра́вственное отноше́ние к челове́ку.	예: Каки́е у вас с бра́том отноше́ния ? –Очень бли́зкие, душе́вные. 예: Между сотру́дниками должны́ быть тёплые отноше́ния. 예: У них прекра́сные отноше́ния.
〈어결합〉 бе́режное, гума́нное, холо́дное, равноду́шное … — отноше́ние к кому	〈어결합〉 бли́зкие, тёплые, дру́жеские, любо́вные … — отноше́ния между кем

3. **смири́ться с чем** 가라앉다, 누구러지다, 굴복하다, (굴복하여, 포기하여) 받아들이다

예) Он её очень лю́бит и смири́лся с её недоста́тками.

4. **кто уве́рен(–а, –ы), что…** ~라고 확신하다, 단언하다, 믿고 있다
кто уверен в чём/кто уверен (в том), что ~에 대해 –라고 확신하다

예) Я хорошо́ знаю медици́ну, и уверен, что движе́ние–гла́вное лека́рство.
Я уве́рен в свое́й правоте́.
Я уве́рен в том, что я прав.

5. **что недосто́йно кого, чего** ~에 적합하지 않은, 할 가치가 없는

예) Ты в целом че́стный человек, и твоя ложь недосто́йна тебя.

кто недосто́ин чего, инф ~에 적합하지 않은, 할 가치가 없는

예) Он ни́зкий человек, он недосто́ин обща́ться с нами.

6. **стреми́ться к чему (стреми́ться и к чему, и к чему** ~을 위해서도, ~을 위해서도 노력하다)

예) Если челове́к ни к чему не стреми́тся, он быстро дегради́рует (деградировать).
예) Она стреми́тся и к славе, и к самосоверше́нствованию.

5 Современная одежда национальна или интернациональна?

Совреме́нная повседне́вная оде́жда в ра́зных стра́нах стано́вится похо́жей: постепе́нно исчеза́ют её национа́льные черты́. В ра́зных стра́нах судьба́ национа́льного костю́ма ра́зная. В одни́х его надева́ют то́лько во вре́мя карнава́ла, а в други́х–но́сят как в пра́здники, так и в бу́дни.

А как у вас?

Как вы ду́маете, бы́ло бы хорошо́, если бы все одева́лись одина́ково (в унифо́рму), или лу́чше–кто как хо́чет (без всяких ограниче́ний)? Хорошо́ бы́ло бы, если бы во всех стра́нах была́ одина́ковая мо́да?

5 현대의 의복은 민족 특유의 것입니까 아니면 국제적입니까?

다양한 나라들의 현대의 일상복은 비슷해져 가고 있습니다. 즉 점차로 민족적 특징이 없어져가고 있다는 것입니다. 다양한 나라들에서 민속의상의 운명은 다양한 양상을 띱니다. 어떤 나라들에서는 축제 때만이 민족의 고유의상을 입는데, 다른 나라들에서는 축제 때에도, 일상에서도 민족의상을 입습니다. 당신의 나라에서는 어떠합니까?

만약에 모든 사람들이 (제복으로) 똑같이 옷을 입는 다면 좋다고 생각하십니까, 아니면 사람들이 원하는 대로(어떤 제한 없이) 입는 것이 더 낫다고 여기십니까? 만약에 모든 나라들에서 같은 유행이 있다면 좋을 것 같습니까?

주요 구문과 표현

Как~, так и- ~도 -도

~와 마찬가지로, -도

예) Как аукнется, так и откликнется.

6 Школьную форму отменить?

Мо́да еди́на то́лько в ко́смосе (костю́м космона́вта), в а́рмии и для не́которых специа́льностей (унифо́рма). Мно́гие в восто́рге от унифо́рмы: она придаёт вес в о́бществе. Кака́я унифо́рма вам бо́льше нра́вится: железнодоро́жников, моряко́в, лётчиков, полице́йских, пожа́рных?

Как вы отно́ситесь к шко́льной фо́рме? Нужна́ ли она? Спосо́бствует ли она тому́, что де́ти с ра́зным доста́тком чу́вствуют себя ра́вными? Дисциплини́рует ли она? Спосо́бна ли она вызыва́ть го́рдость (честь мунди́ра)? Или её на́до отмени́ть, потому́ что она обедня́ет повседне́вную жизнь, обезли́чивает дете́й?

6 교복을 폐지해야 합니까?

패션은 우주에서만(우주복), 군대에서와 몇몇 특별한 직업(유니폼)을 위해서만 단일합니다. 많은 이들은 유니폼(제복)에 대해 경탄합니다. 왜냐하면 그것이 사회에서 권위감을 주기 때문입니다. 어떤 제복 즉 철도원, 선원, 비행사, 경찰, 소방수의 제복이 당신은 더 마음에 드십니까?

당신은 교복에 대해 어떻게 생각합니까?(어떤 입장이십니까?) 그것이 필요한가요? 교복으로 인해 다양한 (소득)배경을 가진 아이들이 스스로 다르다고 느끼는 것이 가능한가요 가능하지 않은가요? 그것이 규율에 길들이게 합니까? 그것이 자신감(제복의 명예)을 불러 일으키는 것을 가능하게 합니까 아닙니까? 혹은 그것이 일상생활을 황폐하게 하고 아이들에게 개성을 잃게 하기 때문에 그것을 폐지할 필요가 있습니까?

주요 구문과 표현

спосо́бствовать чему ~을 가능 하게 하다, 촉진하다, 납득시키다

예) Эта мето́дика спосо́бствует о́бщему разви́тию уча́щихся. 이 방법론은 학습자들의 일반적인 발달을 촉진시킨다.

Разыгрываем диалоги

Разыграйте диалоги в соответствии с ситуациями.

다음의 상황들에 맞게 역할극을 하세요.

1. А: Гла́вное–краси́вое лицо́! Б: Гла́вное–хоро́шая фигу́ра! В: Гла́вное–хара́ктер и уме́ние обща́ться! Г: Гла́вное–хоро́шее материа́льное положе́ние, обеспе́ченность, доста́ток!
2. А: В меня влюби́лась краса́вица и хо́чет стать мое́й жено́й и ма́терью моих дете́й. Б: Краси́вые никогда́ не влюбля́ются, и они–ненадёжные жёны и ма́тери!
3. Адвока́т: У кого чи́стое се́рдце, у того и че́стные глаза́: глаза́–зе́ркало души́! Прокуро́р: Наоборо́т! У моше́нников и лжесвиде́телей, наприме́р, всегда́ че́стные глаза́.
4. Как на́до одева́ться? Недо́рого и ве́село? До́рого и стро́го? Сти́льно, бро́ско, неотрази́мо? В про́чную, но́скую оде́жду (эконо́мия)? Невзра́чно (пусть меня полю́бят в плохо́й оде́жде!)?
5. Студе́нтки собира́ются на у́стный экза́мен. Наде́ть вече́рнее пла́тье? Ста́рый, поно́шенный костю́м? А макия́ж?
6. Эффе́ктная же́нщина с дипло́мом и́щет высокоопла́чиваемую руководя́щую до́лжно́сть. Знако́мые уверя́ют ее, что ей не заня́ть таку́ю же до́лжность и не име́ть таку́ю же зарпла́ту, каку́ю полу́чит мужчи́на с те́ми же да́нными.
7. Жена́ лю́бит кра́сивый, изы́сканный интерье́р, а му́жу всё равно́, что его окружа́ет: гла́вное то, что происхо́дит в его душе́.

8. Учёный: Меня не волну́ет вне́шность, цель–нау́ка, тво́рчество!

Поли́тик: Для публи́чного челове́ка и́мидж–са́мое гла́вное!

Пишем сочинение

1. Вне́шность и судьба́.
2. Эта обма́нчивая вне́шность!
3. Шко́ла и шко́льная фо́рма.
4. Мой пе́рвый карнава́л.
5. Мо́да–ро́скошь? Мо́да–необходи́мость?
6. Оде́жда–моё самовыраже́ние.

Дополнительный материал 보충 자료

Познакомьтесь с пословицами, скажите, какая вам нравится больше всего и почему.

속담을 알아보고, 어떤 것이 가장 마음에 드는지, 그 이유는 무엇인지 말해 보세요.

Русские пословицы 러시아 속담

- Де́вичье се́рдце на ве́шалке. 처녀의 마음은 옷걸이에 걸려있다: 여자들은 그만큼 옷에 관심이 많다.
- Кур, у́ток не нако́рмишь, баб, де́вок не оде́нешь. 닭과 오리를 충분히 먹일 수 없고, 부인네들과 처녀들 옷 입히는 것을 끝낼 수 없다: 즉 닭과 오리가 먹이를 계속 달라고 하듯이, 여자들은 계속 옷을 달라고 한다.
- Буду есть мяки́ну, а фасо́н не ки́ну. 왕겨를 먹을지라도, 모양은 버리지 않을 것이다.
- Прода́й коро́ву, а купи́ жене́ обно́ву. 암소를 팔아라, 그리고 부인에게 새 옷을 사주어라: 여자에겐 농가의 암소보다 옷이 더 중요하다.

주제 3

건강과 병이 우리의 삶을 어떻게 바꾸나…

Тема 3

Здоровье и болезнь–разные планеты…

1 Необходимо ли иметь врачей среди родственников?

О врача́х говоря́т: «Хоро́шие врачи́ не про́сто учёные, это пе́рвые лю́ди по́сле Бо́га. Ну́жно обяза́тельно име́ть врача́ среди́ ро́дственников».

А вы как ду́маете, обяза́тельно или нет, что́бы среди́ ро́дственников кто–то был врачо́м? Ведь профессиона́лов–враче́й мно́го, мо́жно обрати́ться к ним...

1 친척들 중에 의사가 반드시 있어야 합니까 아닙니까?

의사들에 대해 사람들은 다음과 같이 말들 합니다. 즉 "좋은 의사는 단지 학식이 있는 자가 아니라, 그들은 하나님 다음으로 첫째가는 사람들이라고. 반드시 친척들 중에 의사가 있어야만 한다."라고.

그런데 당신은 친척들 중에 누군가 의사가 있어야 하는 것이 필연적인가 아닌가에 대해 어떻게 생각하십니까? 정말로 전문가들 즉 의사들은 많이 있으나, 그들을 찾아가 의학적 조언을 듣는 것이 가능합니까?

주요 구문과 표현

обраща́ться/обрати́ться к кому (к врачу́, к психо́логу, к юри́сту)~ ~에게 찾아가다(조언을 듣기 위해) (의사에게, 심리학자에게, 법률가에게)

예) Ты до́лжен обрати́ться за по́мощью к психо́логу.

2 Болезни, больные и больницы–интересная тема или нет?

Есть лю́ди, кото́рые не лю́бят говори́ть о боле́знях ни с бли́зкими, ни с посторо́нними. Обы́чно это те, у кого желе́зное здоро́вье, кто боле́ет ре́дко, о здоро́вье и не заду́мывается, счита́ет его нали́чие есте́ственным. Для них разгово́ры о боле́знях, врача́х и больни́цах–са́мая неинтере́сная те́ма. Жа́лобы больны́х снача́ла вызыва́ют у них сочу́вствие, а пото́м раздраже́ние. Они ду́мают, что обсужда́ют боле́зни только те, у кого нет никаки́х други́х интере́сов и забо́т.

Те же, у кого сла́бое здоро́вье или есть хрони́ческие заболева́ния (среди них есть абсолю́тно больны́е лю́ди), кто зна́ет це́ну здоро́вью, говоря́т о боле́знях ча́ще. Они и́щут сочу́вствия, понима́ния: душе́вный разгово́р мо́жет облегчи́ть их состоя́ние, даёт эне́ргию, кото́рая помога́ет сопротивля́ться боле́зни.

По ва́шему мне́нию, разгово́р о боле́знях прино́сит по́льзу или причиня́ет вред? Говори́ть о свои́х боле́знях мо́жно то́лько с врачо́м или не только с ним?

Если врач оши́бся, кто до́лжен помо́чь пацие́нту возмести́ть ущерб? Страхова́я компа́ния и ее экспе́рты? Обще́ственные организа́ции?

Вы лечи́лись у враче́й, кото́рых мо́жно назва́ть врача́ми от Бо́га?

2 병, 환자들, 병원들–이것은 재미있는 주제입니까 아닙니까?

가까운 사람들과도, 자신과 별로 관계가 없는 사람들과도 병에 대해서 말하는 것을 좋아하지 않는 사람들이 있습니다. 보통 그들은 아주 건강한 사람들로 거의 병에 걸리지 않고 건강에 대해서도 깊이 생각해보지 않으며, 건강하다는 것을 자연스럽게 여기고 있는 사람들입니다. 그들에게는 병, 의사, 병원들에 대한 대화는 가장 재미없는 주제입니다. 환자들의 불평호소가 처음에는 그들에게 동정을 불러일으키나, 나중에는 화를 내게 합니다. 그들은 병에 대해 이야기하는 사람들은 어떤 다른 재미있는 일이 없거나 걱정 또한 없는 자들이라고 생각합니다.

건강의 가치를 알고 있는, 몸이 약한 사람들이거나 만성질병을 갖고 있는 사람들은(그들 중에는 정말로 아픈 사람들이 있습니다.) 여러 가지 병에 대해 자주 얘기하곤 합니다. 그들은 공감과 이해를 구합니다. 이것은 충심 어린 대화가 그들의 상태를 완화시킬 수 있으며 병에 저항하는 것을 도와줄 에너지를 주기 때문입니다.

당신의 의견으로는, 병에 대한 대화가 이익을 주거나 혹은 해를 야기한다고 생각하십니까? 자신의 병에 대해 이야기 하는 것이 의사하고만 가능합니까 혹은 의사하고만 가능한 것은 아닙니까?

만약에 의사가 실수를 했다면, 환자가 (건강상의) 손실을 보상할 수 있게 누가 도움을 주어야만 합니까? 보험회사와 그 전문가들이요? 사회 단체들인가요?

당신은 신으로부터 온 의사라 불릴 수 있는 의사들에게 치료를 받았습니까?

주요 구문과 표현

1. зна́ть це́ну кому, чему ~의 가치를 알다

예) Он зна́ет це́ну э́тому челове́ку. 그는 이사람의 가치를 안다.

2. сопротивля́ться чему / кому ~에 반항하다, 저항하다 (поддава́ться кому–чему ~에 항복하다, 굴복하다)

예) сопротивля́ться болезни 병에 저항하다

Нельзя́ поддава́ться стра́ху, стра́ху надо сопротивля́ться.

공포에 굴복해서는 않되고, 공포에 저항해야할 필요가 있다.

예) Отец всегда́ дави́л на дома́шних, и ему почти́ никто́ не сопротивля́лся, кроме сы́на.

3 Что выгоднее: быть больным или здоровым?

В ра́зных стра́нах ра́зные систе́мы здравоохране́ния. В не́которых стра́нах больны́е (в том числе́ хрони́ческие и инва́лиды де́тства) не име́ют никаки́х преиму́ществ пе́ред здоро́выми. Там вы́годно быть то́лько здоро́вым, ина́че не при́мут на рабо́ту, не застраху́ют и т.д. А в други́х стра́нах быть больны́м в како́й–то сте́пени вы́годно: есть специа́льные пе́нсии и посо́бия, беспла́тные услу́ги, лека́рства и тому́ подо́бное.

Какая систе́ма вам бо́льше нра́вится?

〈문제〉

Найдите в тексте обобщённо–личные предложения.

(설명은 부록 1 〈7〉 부정인칭구문 참조)

3 어떤 것이 더 이익입니까? 즉 아픈 것이 이익입니까 혹은 건강한 것이 이익입니까?

여러 나라에는 다양한 건강보험 제도가 있습니다. 몇몇 나라에서는 (만성질환과 유년의 불구자 포함하여)환자들은 건강한 사람들 앞에서 어떤 특권도 가지고 있지 않습니다. 거기에서는 건강한 것만이 이익이며, 그렇지 않으면 직장에서도 받아들여지지 않으며, 보험에도 가입되지 않습니다 기타 등등. 그런데 다른 나라에서는 아프다는 것이 어떤 정도로는 이익입니다. 즉 특별 연금과 수당, 무상의 서비스, 약 등등이 있습니다.

당신은 어떤 제도가 더 마음에 드십니까?

4 Здоровье зависит от денег? Или не зависит?

Сравни́те два мне́ния:

1. Здоро́вье зави́сит от де́нег. Бе́дность подрыва́ет здоро́вье: нет средств да́же на элемента́рное лече́ние, челове́к ра́но увяда́ет, впада́ет в депре́ссию. Состоя́тельные же лю́ди мо́гут заплати́ть за эффекти́вное лече́ние, за дорогосто́ящие ана́лизы, кото́рые други́м недосту́пны.
2. Здоро́вье не зави́сит от де́нег: за де́ньги мо́жно купи́ть вра́ча, сиде́лку и лека́рство, но не здоро́вое те́ло и здоро́вую ду́шу. Во–пе́рвых, есть таки́е насле́дственные боле́зни, пе́ред кото́рыми медици́на бесси́льна: гемофили́я, боле́знь Да́уна и други́е. Во–вторы́х, у нерабо́тающих бога́тых людей нере́дко быва́ет стресс безде́лья, они иногда переeда́ют, мало дви́гаются. В–тре́тьих, бе́дный то́же мо́жет быть здоро́вым, е́сли он ест пусть просту́ю, но поле́зную пи́щу, физи́чески и у́мственно акти́вен. Тот, кто хо́чет быть здоро́вым, обяза́тельно им бу́дет при любо́м доста́тке.

Како́е мне́ние вы разделя́ете?

4 건강은 돈에 의존합니까? 그렇지 않습니까?

두 의견을 비교해 보세오.

1. 건강은 돈에 의존합니다. 가난은 건강을 파먹습니다: 즉 기초적인 치료를 위한 수단도 없고, 사람은 일찍 기력을 잃고 침체에 빠집니다. 한편 재산이 있는 사람들은 효과적인 치료를 위해 돈을 쓸 수 있고, 다른 이들에게는 허용될 수 없는 비싼 돈이 드는 병에 대한 분석도 할 수 있습니다.
2. 건강은 돈에 의존하지 않습니다. 왜냐하면 돈으로 의사, 간병인과 약을 살 수는 있지만, 그러나 건강한 몸과 영혼은 살 수가 없습니다. 첫째로 의술도 그 앞에서는 힘을 쓸 수 없는 그러한 유전병이 있습니다. 즉 혈우병, 다운 증후군등. 둘째로, 일하지 않고 있는 부유한 사람들에게는 자주 무력감의 스트레스가 오고, 그들은 때때로 과식하고, 조금만 움직입니다. 셋째로, 가난한 사람도 건강할 수 있습니다. 만약에 그가 단순하더라도 그러나 유익한 식사를 하고, 신체적으로 정신적으로 활동적이라면. 건강하기를 원하는 자는 재산이 얼마이든 간에 반드시 그렇게 될 것(건강하게 될 것)입니다.

당신은 어떤 의견에 동조하십니까?

Разыгрываем диалоги

Разыграйте диалоги в соответствии с ситуациями.

다음의 상황들에 맞게 역할극을 하세요.

1. Папа и сын не хотя́т идти́ к зубно́му врачу́ на профилакти́ческий осмо́тр. Дома́шние пыта́ются их уговори́ть.
2. А: Я ле́чусь по медици́нскому спра́вочнику, ве́рю сове́там друзе́й и рекла́ме. В: Самолече́ние опа́сно! В спра́вочнике–опеча́тки, у лека́рств побо́чный эффе́кт, осо́бенно у но́вых.
3. Дочь де́лает проко́лы и татуиро́вки на те́ле, мать ду́мает, что она уро́дует себя.
4. А: Я тяжело́ бо́лен, ну́жен цели́тель, заплачу́ любы́е де́ньги! Б: «Цели́тель» мо́жет оказа́ться нечистопло́тным шарлата́ном–рва́чом, кото́рый то́лько сдерёт с тебя де́ньги! Ну́жен о́пытный врач.
5. А: В дороги́х пла́тных кли́никах хоро́шие врачи́ не рабо́тают, они рабо́тают в недороги́х кли́никах для бе́дных. Б: Наоборо́т!
6. Суд рассма́тривает иск граждани́на А к своему́ сосе́ду Б: тот дал ему медици́нский сове́т. Граждани́н А после́довал сове́ту и чуть не у́мер.
7. Три телеви́зора в до́ме–мо́щный информацио́нный пото́к! Результа́т–депре́ссии, ухудше́ние здоро́вья дома́шних?
8. А: Пойдём на стадио́н, там мужчи́на собира́ет ма́ссы люде́й, ле́чит всех гипно́зом! Б: Мо́жно стать же́ртвой «гипнотизёра»–

афери́ста.

9. Почему́ генети́ческий фонд челове́чества стано́вится всё ху́же? Что влия́ет на него? Лега́льные нарко́тики (алкого́ль, сигаре́ты)? Нелега́льные нарко́тики? Эколо́гия? Стре́ссы? Нерациона́льное пита́ние? Бе́дность? Непросвещённость о́бщества?
10. В ча́стной кли́нике виси́т объявле́ние: «Врач принима́ет то́лько тех, кто ведёт здоро́вый о́браз жи́зни, а куря́щих и пью́щих–не принимает». Вы подаёте на кли́нику в суд.

Пишем сочинение

1. Ра́зные пути́ к здоро́вью.
2. Во́ля к здоро́вому о́бразу жизни.
3. Врач и пацие́нт (в про́шлом, настоя́щем, бу́дущем).
4. Боле́знь– это схва́тка с судьбо́й, прове́рка хара́ктера на про́чность.
5. Забо́та о свое́м здоро́вье–обя́занность пе́ред собо́й или пе́ред о́бществом?

Дополнительный материал 보충 자료

Познакомьтесь с пословицами, скажите, какая вам нравится больше всего и почему.

속담을 알아보고, 어떤 것이 가장 마음에 드는지, 그 이유는 무엇인지 말해 보세요.

Русские пословицы 러시아어 속담

- Больно́й бо́лен, а кто хо́дит за ним–вдво́е. 환자는 아프다, 그러나 그를 돌보는 자는 두 배나 아프다: 즉 환자 자신보다 환자 돌보는 이가 더 어렵다.
- В здоро́вом те́ле здоро́вый дух. 건강한 신체에 건강한 영혼
- Не рад больно́й и золото́й крова́ти. 환자와 금침대를 기뻐하지 마라: 즉 환자가 금침대에 누워 있더라도 그것이 부러운 일이 아니다.
- Ба́ня–мать втора́я. 목욕은 제2의 어머니이다: 즉 목욕은 건강에 그만큼 좋다.
- Больно́му и мёд не вку́сен, а здоро́вый и ка́мень ест. 환자에게는 꿀도 맛이 없다, 그러나 건강한 자는 벽돌도 먹는다.

주제 4

소비의 철학, 혹은 '내 것'이라는 이름 아래 지배

Тема 4

Философия потребления, или Царство под названием «моё»

1 Без чего можно жить? А без чего нельзя?

Жить без веще́й, без материа́льных благ никто́ не мо́жет. Для одних–са́мое ва́жное– это удо́бные крова́ть и о́бувь. Для други́х–креди́тная ка́рточка, для тре́тьих са́мое дорого́е–кни́га...

А как по–ва́шему, без чего нельзя́ жить (дом, еда́...)? А без чего–мо́жно (компью́тер, маши́на, моби́льный телефо́н…)?

2 Рассеянные и внимательные

Есть рассе́янные лю́ди, кото́рые ча́сто теря́ют ве́щи–зонты́, кошельки́, бума́жники, очки́, и есть внима́тельные–никогда́ ничего́ не теря́ют! Вы ча́сто встреча́ли таки́х люде́й?

1 무엇이 없이는 살 수 있습니까? 그리고 무엇이 없이는 결코 살 수 없습니까?

물질 없이, 물질적 복지 없이 산다는 것은 어느 누구도 가능하지 않습니다. 어떤 사람들에게는-가장 중요한 것, 그것은 편안한 침대와 신발입니다. 다른 이들에게는 신용 카드이고, 세 번째 부류의 사람들에게 가장 귀중한 것 -그것은 책…입니다.

당신의 생각은 어떠합니까? 무엇(집, 먹을 것…)없이 살 수 없습니까? 그리고 무엇(컴퓨터, 자동차, 휴대폰…)없이 살 수 있습니까?

2 주위가 산만한 자들과 주의력이 있는 자들

자주 우산, 지갑, 안경 등의 물건을 잃어버리는 주위가 산만한 사람들이 있고, 결코 어떤 것도 잃어버리지 않는 주의력 있는 사람들이 있습니다. 당신은 그러한 사람들을 자주 만나보았습니까?

주요 구문과 표현

다른 관점들을 도입할 필요가 있거나 차이점들에 대해 말하고자 할 때, 종종 одни ~, другие ~ 구문을 사용하며 이때 люди는 같이 붙여 쓰지 않는다.

для одни́х ~, для други́х ~

어떤 사람들에게는~, 다른 사람들에게는~

예) У всех ра́зные вку́сы. Одни лю́бят о́строе, другие сла́дкое.

예) Люди ра́зные. У одни́х есть со́весть, а у други́х нет.

예) Су́дьбы у люде́й ра́зные. Одни́м ча́сто везёт в жи́зни, други́м ре́дко.

예) В о́бществе по–ра́зному отно́сятся к лю́дям.
Одни́х лю́бят, други́х ненави́дят.

예) Лю́ди в обще́нии ра́зные. С одни́ми легко́, с други́ми тру́дно.

예) Отноше́ние к лю́дям после их сме́рти ра́зное.
Об одних до́лго по́мнят, о други́х бы́стро забыва́ют.

3 Какие чувства вызывают вещи?

Лю́ди по–ра́зному отно́сятся к[4] веща́м. Оди́н покупа́ет мно́го веще́й, хва́стается ими и ничего́ не выбра́сывает: храни́т и ну́жное, и нену́жное, захламля́ет свой дом. Про таких говорят–он раб веще́й. Друго́й не храни́т ли́шнего. И понимает, что выбра́сывать ве́щи, кото́рые пришли́ в него́дность, про́сто необходи́мо. А ещё хоро́шие вещи он раздаёт нужда́ющимся, что́бы они нашли́ своего́ хозя́ина ещё раз, или переде́лывает их, меня́ет стиль. Тако́й челове́к–друг веще́й, он их лю́бит и це́нит. Тре́тий испо́льзует ве́щи, а пото́м безжалостно выбра́сывает как му́сор: э́такий лихо́й выбра́сыватель!

А как на́до относи́ться к веща́м? Где ме́ра любви́ к веща́м?

Вы когда́–нибудь ду́маете о тех, кто со́здал то, чем вы по́льзуетесь?

4) 다양한 해석에 관해서는 부록 1 〈11〉을 참고하시오.

3 물건들은 어떤 느낌을 불러 일으킵니까?

사람들은 여러 가지 방법으로 물건을 다룹니다. 어떤 이는 많은 물건들을 사기도 하고, 그것을 자랑하며 아무 것도 버리지 않습니다. 즉 그들은 필요한 것도, 불필요한 것도 지니고 있고, 자신의 집을 쓰레기 더미로 만듭니다. 그러한 자들에 대해 그는 물질의 노예라고들 말합니다. 다른 사람은 여분의 것을 간직하지 않습니다. 그리고 그는 쓸모없어진 물건들을 버리는 것이 다만 필수불가결한 일이라는 것을 이해하기도 합니다. 그리고 또한 그는 그 물건의 주인을 다시 찾게 하기 위해서 좋은 물건들을 그것을 필요로하는 자들에게 나누어 주거나, 혹은 그 물건들을 고쳐서 그 스타일을 바꾸거나 합니다. 그런 사람은 물질의 친구이며 그는 물건들을 사랑하고 그것에 가치를 부여합니다. 세 번째 부류의 사람은 물건을 이용하고나서 그 다음에는 마치 쓰레기처럼 동정심 없이 물건을 버려 버리는 자입니다. 즉 그는 정말로 대담하게 버리는 자 입니다.

그러면 물건들에 대해 어떻게 다룰 필요가 있습니까? 어디에 물건에 대한 사랑을 측정하는 방법이 있습니까? 당신은 당신이 사용하고 있는 물건에 대해, 누가 그것을 만들었는지에 대해 언제라도 생각해 본 적이 있습니까?

주요 구문과 표현

1. хва́статься/похва́статься чем ~을 자만하다, 자랑하다

예) Он челове́к очень хвастли́вый. Хва́стается всем–и роди́телями, и деньга́ми, и даже но́выми носка́ми.

2. приходи́ть/прийти́ в него́дность 쓸모없이 되다

예) Ве́щи не ве́чные–ра́но или по́здно они прихо́дят в него́дность.

3. 다음 동사들의 용법에 주의하자. (더 자세한 설명은 부록1 〈10〉을 참고)

по́льзоваться, применя́ть, употребля́ть, испо́льзовать

이 동사들은 다 한국어로 '사용하다'로 해석이 가능하나 다음과 같은 차이가 있다.

употребля́ть –음식과 언어 사용에만 한정하여 사용한다.

испо́льзовать что как что, кого/что в своих интере́сах

–한국어의 '이용한다'에 더 가까운 표현이다.

применя́ть (ме́тод, мето́дику, но́вую те́хнику)

–한국어의 '응용하다, 적용하다'에 해당하는 단어이다.

пользоваться палочками, косметикой, факсом, лифтом…

–일상적 행동에서 '~을 사용하다'의 의미로 가장 널리 쓰인다.

4 Убирать вещи на место– это важно или не очень?

На вопро́с, что гла́вное в челове́ке, оди́н челове́к дал неожи́данный отве́т: уме́ние убира́ть ве́щи на своё ме́сто. Действи́тельно, кни́ги не должны́ быть на ку́хне, а посу́да в ва́нной... Поря́док– это серьёзно, и не́которые лю́ди не мо́гут жить вме́сте из–за того́, что оди́н педанти́чный, у него́ всё должно́ лежа́ть на своём ме́сте, а друго́й несо́бранный, он разбра́сывает ве́щи, не убира́ет их на ме́сто, а пото́м не мо́жет их найти́. Пе́рвый счита́ет, что беспоря́док– это невыноси́мо, а второ́й–что беспоря́док прости́телен, нева́жен: мол, ничего́ стра́шного, не́бо на зе́млю из–за э́того не упадёт!

Неаккуратность действи́тельно меша́ет жить или не о́чень?

4 물건들을 제 장소에 정돈하는 것–그것이 중요합니까 아니면 그다지 그렇게 중요치 않습니까?

사람에게 중요한 것이 무엇이냐는 질문에 대해 한 사람이 뜻밖의 대답을 했습니다. 즉 물건을 제자리에 정돈할 줄 아는 능력이라고. 실제로, 책은 부엌에 있어서는 안되고, 식기는 욕실에 있어서는 안됩니다. 질서–그것은 절실한 것이고, 어떤 이는 융통성이 없어 모든 물건이 제자리에 놓여 있어야만 하는 한편, 다른 이는 깔끔하지 못하여 물건을 여기저기 던져 버리고 제자리에 정돈하지 못하고 그러니 나중에는 그것들을 찾을 수 없게 되기에, 그것 때문에 몇몇 사람들은 정돈을 못하는 사람들과 같이 살 수가 없습니다. 첫 번째 사람은 무질서 그것은 참을 수 없는 것이라고 여기나, 둘째 사람은 무질서는 용서할 만하며 중요치 않다고 여깁니다. 즉 그는 아무 것도 걱정할 것이 없다, 그것 때문에 하늘이 땅으로 무너져 내리지 않을 것이다! 라고 이야기합니다.

부정확한 것이 정말로 사는 데 방해가 됩니까 아니면 그다지 방해가 되지 않습니까?

5 Беспорядок дома? Не критикуй… никого!

Кто–то одна́жды вы́сказался так: «Челове́к, кото́рый не мо́жет навести́ поря́док в свои́х веща́х, в своём до́ме, на своём рабо́чем столе́, не име́ет пра́ва критикова́ть прави́тельство». Ва́ше мне́ние: е́сли бы тако́е пра́вило ввели в о́бществе, что бы произошло́?

6 Получить незаработанное– это хорошо или плохо?

Существу́ет распространённое мне́ние, что в жи́зни всё ну́жно добыва́ть свои́м трудо́м и не по́льзоваться бла́гами, кото́рые зарабо́тали други́е, осо́бенно насле́дством и дороги́ми пода́рками. А кто–то утвержда́ет обра́тное: нет ничего́ плохо́го, что благополу́чие де́ржится на материа́льных бла́гах других. Например, насле́дство– материа́льная па́мять о завеща́теле, ито́г его жи́зни. Подарки от благотвори́телей или ще́дрых друзей– это знак их великоду́шия!

Что вы ду́маете о насле́дстве и кру́пных пода́рках? Что чу́вствуют, как веду́т себя́ ра́зные лю́ди, когда́ они получа́ют эти бла́га?

5 집에서 정돈하지 않으십니까? 비판하지 마세요… 아무도!

누군가 언젠가 이렇게 말했습니다. 즉 "자신의 물건을 자신의 집에서, 자신이 일하는 탁자에서 질서있게 할 수 없는 자는 정부를 비판할 권리를 가질 수 없다."고. '만약에 그러한 규정이 사회에서 시행된다면 무슨 일이 일어 날 것인가?'에 대한 당신의 의견은 어떠십니까?

6 불로소득을 얻는 것이 좋습니까 혹은 나쁩니까?

인생에서 모든 것이 자신의 노력에 의해 얻어져야만 하고 타인의 노력에 의해 얻어진 행운, 특히 유산이나 비싼 귀중한 선물들을 이용해서는 안된다는 (널리 펴져 있는) 흔히들 알고 있는 의견이 존재합니다. 하지만 누군가는 반대 의견을 주장합니다. 즉 (자신의) 무사안녕이 다른 이들의 물질적 부유에 매달려 있다는 것이 전혀 나쁜 것이 아니라고 주장합니다. 예를 들면, 유산은 유산 양도인에 대한 물질적인 기억이며 그의 인생의 총계입니다. 선을 만든 자들 혹은 후히 베푸는 친구들에게서 받은 선물들 그것은 그들의 아량의 표시입니다!

당신은 유산에 대해 그리고 큰 선물에 대해 어떻게 생각하십니까? 여러 다른 사람들이 이러한 행운을 얻게 될 때 그들은 무엇을 느낍니까 그리고 그들이 어떻게 처신하는 지요?

주요 구문과 표현

1. наводи́ть/навести́ поря́док где, в чём ~에 질서를 부여하다

예) Она аккура́тная, уме́ет наводи́ть поря́док и в о́фисе, и до́ма.

예) Подро́стки не лю́бят наводи́ть поря́док в свои́х веща́х.

2. добыва́ть/добы́ть что чем ~을 –에 의해 얻다, 채취하다

예) В этом райо́не добыва́ют зо́лото специа́льным маши́нами.

〈비교〉 **добива́ться/доби́ться чего** (노력해서) ~을 얻다, 도달하다

예) Он привы́к добива́ться своих це́лей любо́й цено́й.

3. вести́ себя как, где, с кем, как кто 처신하다

예) Он челове́к невоспи́танный, всегда́ ведёт себя, как ребёнок.

예) Ребёнок хотя и ма́ленький, но ведёт себя хорошо́ (о де́тях: вести́ себя́ хорошо́/пло́хо).

예) Я не зна́ю, как вести́ себя на банке́тах и приёмах, как вести́ себя с нача́льником.

7 Щедрый? Расточительный? Экономный?

О ще́дрых лю́дях, кото́рые мно́го материа́льно помога́ют други́м, говоря́т: широ́кая нату́ра, до́брый челове́к.

О тех, кто тра́тит де́ньги напра́во и нале́во, – растра́тчик, транжи́ра, расточи́тельный, мот.

О тех, кто зна́ет це́ну деньга́м и уме́ет покупа́ть ну́жные ве́щи, ведёт учёт де́нег, –бережли́вый, хозя́йственный, эконо́мный челове́к.

О тех, кто не тра́тит ни на кого́, да́же на себя́, не де́лает даже необходи́мые поку́пки, –жа́дный, скря́га, жмот. Хотя у него есть де́ньги, но он живёт… в доброво́льной бе́дности.

Вы зна́ете таки́х литерату́рных геро́ев?

Как вам ка́жется, есть ли осо́бый тала́нт эконо́мии у не́которых людей? Это це́нное ка́чество?

7 후히 베푸십니까? 씀씀이가 헤픕니까? 절약하십니까?

물질적으로 남을 많이 도와주는 후한 사람들에 대해 다음과 같이들 말합니다. 즉 그는 천성적으로 넓은 마음을 가진 자이고, 착한 사람이라고들 합니다.

이리저리로 돈을 낭비하는 사람들에 대해서는 공금 횡령자, 낭비하는 사람, 씀씀이가 헤픈 낭비자라고들 합니다.

돈의 가치를 알며, 필요한 물건을 살 줄 알아, 돈 계산을 하는 사람들에 대해 검소하고 경제에 능하며 절약하는 사람이라고들 합니다.

아무 것에도 심지어 자신에게도 돈을 쓰지 않으며 꼭 필요한 것도 사지 않는 사람들에 대해서는 탐욕스러운 자, 구두쇠, 노랭이라고들 합니다. 그는 돈이 있다고 해도 (자발적인) 스스로 만든 가난 속에 살고 있습니다.

당신은 문학작품 속의 그러한 주인공들을 알고 있습니까? 몇몇 사람들에게 타고난 절약하는 특별한 재주가 있는지 어떤지에 대해 당신은 어떻게 생각하십니까? 그것이 가치있는 자질입니까?

주요 구문과 표현

Кто–что. 형태의 구문은 Какой он?의 답으로 성격, 기질을 묘사할 때 자주 쓰는 구문이다. (더 자세한 설명은 부록1 〈6〉을 참조)

예) Он широ́кая нату́ра. = У него широ́кая нату́ра.
Он сла́бая нату́ра.
Он (большо́й) тала́нт!
Он (све́тлая) голова́. = Он у́мный.
Он–сама́ делика́тность, сама́ простота́.= В нём есть больша́я делика́тность, больша́я просто́та.

〈비교〉 제한적인 사용을 보이는 다음과 같은 생격구문이 있다.

Он высо́кого ро́ста.

참고로 주어의 직업을 표현할 때는 Кто–кто. 구문으로 쓴다.

예) Он студе́нт. Он профе́ссор.

Разыгрываем диалоги

Разыграйте диалоги в соответствии с ситуациями.

다음의 상황들에 맞게 역할극을 하세요.

1. Брат: Не на́до мно́го зараба́тывать, на́до ме́ньше тра́тить. Сестра́: Не на́до ме́ньше тра́тить, на́до бо́льше зараба́тывать!
2. А: Пусть ка́ждая вещь лежи́т где попа́ло. Б: У ка́ждой ве́щи должно́ быть своё ме́сто. В: Поря́док надо наводи́ть то́лько раз в неде́лю.
3. А́втору замеча́тельных книг говоря́т: что́бы твои́ кни́ги продава́лись, на́до пра́вильно себя́ пода́ть — нача́ть шу́мную рекла́му. Писа́телю это проти́вно. Он счита́ет, что хоро́шая кни́га найдёт себе́ доро́гу.
4. Вы хоти́те заня́ться больши́м би́знесом. Вас отгова́ривают: в любо́м би́знесе есть свои́ непи́саные зако́ны, суро́вые, как и зако́ны жи́зни.
5. Сы́ну 17 лет, оте́ц прекраща́ет его содержа́ть: у него́ самого́ пробле́мы в би́знесе. А мать ду́мает, что дете́й на́до материа́льно подде́рживать до 35 лет незави́симо от доста́тка роди́телей.
6. А: Ро́дственники мо́гут помога́ть друг дру́гу бескоры́стно! Б: Мы, конечно, родня́, но расчёты между собо́й должны́ вести́ тща́тельно.
7. Де́ти про́сят роди́телей купи́ть 4 телеви́зора и 4 компью́тера–по числу членов семьи. Ро́скошь? Но́рма?

8. Де́душка счита́ет, что надо избавля́ться от ли́шних веще́й, чтобы не захламля́ться, а ба́бушка не ничего́ не выбра́сывает: в хозя́йстве всё пригоди́тся.

9. А: Я мечта́ю о больши́х деньга́х! Б: Больши́е де́ньги–обу́за. О них на́до всё вре́мя ду́мать: куда́ вложи́ть, как сохрани́ть. А ито́г? Быть пото́м, как кто-то пошутил, са́мым бога́тым поко́йником на кла́дбище?

10. Оте́ц хо́чет купи́ть маши́ну, а де́душка про́тив. Поте́ря вре́мени: придётся стоя́ть в про́бках, иска́ть противоуго́нные сре́дства, и маши́ны пло́хо влия́ют на эколо́гию...

11. Друзья обсужда́ют вопро́с, в како́й стране́ деше́вле и интере́снее отдыха́ть.

12. Два состоя́тельных челове́ка обсужда́ют це́ль жи́зни, досто́йную бога́тых люде́й. Оди́н говори́т, что на́до быть мецена́том, поду́мать о разви́тии культу́ры на Ро́дине. Друго́й счита́ет, что э́того никто́ не оце́нит. Рабо́тая на свою́ семью́, мы рабо́таем для страны́.

Пишем сочинение

1. Де́ньги–добро́? Де́ньги–зло?
2. Рабо́тай за де́ньги, но не ра́ди де́нег.
3. Транжи́ра, уме́ренный и скупо́й.
4. Нищета́, бе́дность, доста́ток, ро́скошь.
5. Демонстра́ция бога́тства: аристократи́зм или плебе́йство?

6. Нет ни́щих в трёх поколе́ниях, нет миллионе́ров в трёх поколе́ниях. (древнее изречение)
7. Педанти́чный и несо́бранный: смо́гут ли они жить вме́сте?
8. Проста́я жизнь без ро́скоши помога́ет сосредото́читься на гла́вном.

Дополнительный материал 보충 자료

Познакомьтесь с пословицами, скажите, какая вам нравится больше всего и почему.

속담을 알아보고, 어떤 것이 가장 마음에 드는지, 그 이유는 무엇인지 말해 보세요.

Русские пословицы 러시아어 속담

- Не оскуде́ет рука́ даю́щего. 주는 자의 손은 가난해지지 않는다.
- Трудо́м пра́ведным не поста́вишь пала́т ка́менных. 공정한 일로는 크고 멋진 벽돌 건물을 세울 수 없다: 즉 정직한 일은 더 큰 돈을 주지는 않는다.
- Чем бога́ты, тем и ра́ды. 부해지면 부해질수록, 더 기쁘다.
- Де́нег нет–перед при́былью, де́ньги есть–пе́ред ги́белью. 돈이 없어도 수익이 올 수 있으나, 돈이 있으면 파멸이 올 수 있다.
- Де́ньги–прах. 돈은 먼지이다: 돈은 먼지, 재와 같이 금방 사라지는 그런 것, 그렇게 중요한 것은 아니다.
- Ли́шние де́ньги–ли́шние забо́ты. 여분의 돈은 여분의 걱정거리.

주제 5

교제의 비법, 혹은 심지어 천국에서라도 혼자 있으면 나쁘다

Тема 5

Секреты общения, или Одному плохо даже в раю

1 Чего бояться: общения или одиночества?

Лю́ди ра́зные. Не́которые боя́тся одино́чества и лю́бят обще́ние. Обще́ние, счита́ют они, ниче́м не замени́мо: в нём лю́ди духо́вно развива́ются, отдыха́ют, познаю́т ра́зные взгля́ды на жизнь, и это развива́ет. Челове́к сча́стлив, когда́ он сам, его́ ра́дость и го́ре кому́–то нужны́, когда есть кому́ посмотре́ть в глаза, кого́ взять за́ руку... Тала́нт обще́ния– это гла́вное в жи́зни. Поня́ть дру́гого мо́жно: нужна́ то́лько взаи́мная откры́тость.

А дру́гие обще́ния боя́тся, счита́ют его́ ри́ском: лю́ди быва́ют непредсказу́емы, эгоисти́чны, лицеме́рны, неблагода́рны. Любо́вь и дру́жба ненадёжны: «Други́е– это ад». Если откры́ть друго́му ду́шу, то вас ли́бо отве́ргнут, ли́бо заста́вят страда́ть, осо́бенно е́сли ваш партнёр о́пытен, а вы–нео́пытны. А ско́лько притво́рства: все стара́ются каза́ться лу́чше, чем они есть… Поэ́тому кое–кто́ предпочита́ет одино́чество: э́то вре́мя для тво́рчества, размышле́ний, чте́ния. Да челове́к никогда́ и не быва́ет оди́н: у него́ есть он сам, его вну́тренний мир. Мно́гие изве́стные лю́ди люби́ли одино́чество, для них ка́ждая встре́ча–му́ка, производи́ть впечатле́ние в све́те они не уме́ли!

Есть и тре́тий тип людей́, ве́рующие: е́сли челове́к ве́рующий, он вдвойне́ не одино́к: всегда́ чу́вствует в свое́й душе́ прису́тствие Бо́га.

А́ что ду́маете об обще́нии и одино́честве вы? Мо́жет быть, челове́к до́лжен уме́ть и быть оди́н, и быть с други́ми?

1 무엇이 두렵습니까: 교제입니까 아니면 고독입니까?

사람들은 다양합니다. 몇몇 사람은 고독을 두려워하고 교제를 좋아합니다. 그들은 교제는 그 어떤 것과도 바꿀 수 없는 것이라고 여깁니다. 즉 사람들은 그 속에서 정신적으로 발전하게 되고, 휴식을 얻고, 인생의 다양한 관점들을 인식하여 교제가 전개되어 나간다고 여깁니다. 자기 스스로 자신의 기쁨과 슬픔이 누군가에게 필요하게 될 때, 얼굴을 맞대고 쳐다볼 수 있는 누군가가 있을 때, 손을 잡아 줄 누군가가 있을 때… 사람은 행복합니다 교제할 수 있는 타고난 재능–그것은 인생에서 중요한 것입니다. 다른 사람을 이해하는 것은 가능합니다. 왜냐하면 필요한 것은 단지 서로 마음을 여는 것이기 때문입니다.

한편 다른 이들은 교제를 두려워하여 그것을 위험한 것으로 여깁니다. 왜냐하면 사람들은 (종종)예측하기가 어려우며, 이기주의이며,위선적이고, 감사하지 않기 때문입니다. 사랑과 우정은 믿을 수 없다고 합니다. 왜냐하면 "다른 이들은- 그것이 지옥이다."라고 하기에. 특히 당신의 파트너가 경험이 있는 데, 당신은 경험이 없다면, 만약에 당신이 다른 사람에게 마음을 연다면, 당신은 거부를 당하거나, 고통스럽게 될 것입니다. 그리고 어느 정도의 위선은 존재합니다. 왜냐하면 모든 이가 그들이 있는 그대로의 모습보다는 더 잘 보이려고 노력하기 때문에…

따라서 어떤 이는 고독을 더 선호합니다. 왜냐하면 그것은 창조, 심사숙고, 독서를 위한 시간이기 때문에. 정말이지 사람은 결코 혼자있게 되는 때는 없습니다. 즉 그에게는 그만의 내적 세계가 있습니다. 많은 유명한 사람들이 고독을 좋아했고, 그들에게는 각각의 만남은 고통이었고, 세상에 감동을 불러일으키는 일을 그들은 할 수 없었습니다.

그리고 또한 세 번째 타입의 사람들이 있는데, 그들은 신자들입니다. 다시 말해, 만약 그가 신자라면 그는 (다른 사람의 두 배로) 결코 외롭지 않습니다. 왜냐하면 항상 자신의 영혼 속에 하나님의 임재를 느끼고 있기 때문입니다.

그러면 교제와 고독에 대해 당신은 어떻게 생각하십니까? 어쩌면, 사람은 당연히 혼자일 수 있고 혼자여야만 합니까, 다른 이들과 같이 있어야만 합니까?

2 Одиночество безысходно? Выход есть?

Кто–то говори́т, что одино́чество неизбе́жно: вну́тренний мир ка́ждого челове́ка насто́лько уника́лен, что это исключа́ет возмо́жность быть по́нятым други́ми до конца́. Ка́ждый челове́к–клубо́к сложне́йших противоре́чий, распу́тать кото́рый о́чень тру́дно да́же профессиона́льному психотерапе́вту. Ка́ждый зага́дочен, как иеро́глиф. Найти́ о́бщий язы́к с други́ми, полюби́ть их–о́чень сло́жно.

А кто–то уве́рен, что у люде́й дово́льно схо́жие потре́бности, ра́дости, стра́хи, наде́жды. Челове́к не обречён на одино́чество. На́до изуча́ть пра́вила обще́ния и не замыка́ться в себе́!

Вы зна́ете одино́ких люде́й? Как вы ду́маете, почему́ они одино́ки? Они́ о́чень ро́бкие? Недове́рчивые? Эгоисти́чные (хотя́т то́лько брать)? Их окружа́ют жёсткие лю́ди? Они никому́ не ве́рят и ни на кого́ не рассчи́тывают? Они́ не уме́ют пра́вильно обща́ться? Как можно преодоле́ть одино́чество?

2 고독은 벗어날 수 없습니까? 출구가 있습니까?

누군가 고독은 피할 수 없다고 말합니다. 왜냐하면 각 사람의 내적 세계는, 다른 이들에 의해 끝까지 이해될 가능성을 배제시킬 정도로 너무나도 독창적이기 때문입니다. 사람은 각각 가장 복잡한 모순의 덩어리이기에, 심지어 직업적인 정신병 전문의라 할지라도 그것을 풀기가 너무나도 어렵습니다. 각각의 사람은 마치 상형문자와도 같은 수수께끼입니다. 다른 사람들과 공통의 언어를 찾고 그들을 사랑하기가 너무나 복잡하고 어렵습니다.

한편 어떤 이는 사람들에게는 상당히 비슷한 필요, 기쁨, 공포, 희망들이 있다고 주장합니다. 사람은 고독하라고 운명 지어져 있는 것은 아닙니다. 교제의 법칙들을 배울 필요가 있고 스스로 자기 속에 잠적하지 말아야야 할 필요가 있습니다!

당신은 고독한 사람들을 알고 있습니까? 왜 그들이 혼자인지에 대해 당신은 어떻게 생각하십니까? 그들은 너무 수줍어합니까? 그들은 의심이 많은가요? 이기적인가요(그들은 단지 가져가기만 원하나요)? 엄격한 사람들이 그들을 둘러싸고 있습니까? 그들을 아무도 믿지 않고, 아무도 의지하지 않습니까? 그들은 제대로 교제할 줄 모릅니까? 어떻게 고독을 극복할 수 있을까요?

주요 구문과 표현

1. насто́лько~, что... …할 정도로, 충분히 ~하다

예) Он насто́лько сообрази́телен, что мо́жет сам реши́ть, что де́лать.

그는 스스로 해결할 수 있을 정도로, 충분한 판단력을 가지고 있다.

Он насто́лько (так) был расстро́ен, что не мог говори́ть.

그는 말을 하지 못할 정도로, 그렇게 낙담했다.

〈비교〉 не насто́лько~, что́бы... …할 정도로, (그렇게)충분히 ~하지 못하다

예) Мы не насто́лько уста́ли, чтобы сразу ложи́ться спать.

그는 곧 잠을 잘 정도로, 그렇게 충분히 피곤하지는 않았다.

예) Я не насто́лько (не так) расстро́ен, чтобы отменя́ть ле́кцию: ле́кция состои́тся.

나는 강의를 취소할 정도로 그렇게 낙담하지는 않았다. 즉 강의는 진행되고 있다.

2. рассчи́тывать на кого/на что ~를 의뢰하다, 의지하다

예) Она не хо́чет получа́ть специа́льность и вообще́ рабо́тать, потому́ что она рассчи́тывает на заму́жество и де́ньги му́жа.

예) Мы рассчи́тывали на твою́ по́мощь, но ты ниче́м нам не помо́г.

3 Если судьба свела с аферистом...

В жи́зни ка́ждый мо́жет столкну́ться с нече́стным челове́ком, кото́рый вхо́дит в дове́рие, а пото́м скрыва́ется с вашими деньга́ми или це́нностями. Моше́нники, жу́лики, афери́сты–психо́логи от рожде́ния: уме́ют расположи́ть к себе. И чем добре́е человек, тем его ле́гче обману́ть. Обы́чно обма́нутые перестаю́т доверя́ть людям, озлобля́ются. А разу́мные лю́ди просто де́лают ну́жные вы́воды и остаю́тся таки́ми, как ра́ньше.

Что вы зна́ете об э́той пробле́ме?

3 만약에 운명 때문에 (어쩔 수 없이) 투기꾼을 만나게 된다면…

인생에서 누구나, 처음에는 믿게끔 하다가 나중에는 돈이나 귀중품을 가지고 잠적하는, 정직하지 못한 사람과 부닥칠 수도 있습니다. 사기꾼들, 좀도둑들, 투기꾼들은 타고난 심리학자들입니다. 왜냐하면 그들은 자신에게 마음을 쏠리게 할 수 있기 때문입니다. 그리고 그들은 더 선한 사람일수록, 그를 더 쉽게 속입니다. 보통 속임을 당한 사람들은 사람들을 신뢰하는 것을 중단하게 되며, 원한을 품게 됩니다. 그러나 분별있는 사람들은 필요한 결론을 내립니다. 그리고 그들은 전과 같은 상태로 남아있게 됩니다.

당신은 이러한 문제에 대해 무엇을 알고 있습니까?

주요 구문과 표현

1. чем~, тем … ~하면 할수록, 더욱 더 …하다

예) Чем добре́е челове́к, тем его ле́гче обману́ть.

예) Чем вы́ше зарпла́та, тем бо́льше возмо́жностей путеше́ствовать.

예) Чем бо́льше страх и па́ника, тем ме́ньше ша́нсов на выжива́ние.

2. доверя́ть/дове́рить(что/что делать) кому

~를(하는 것을) −에게 맡기다

예) Доверя́ть свои секре́ты посторо́нним– это риск.

예) Дочь еще ма́ленькая, я не доверя́ю ей уха́живать за новорождённым.

4 Секреты эффективного общения помогают или нет?

Как стать общи́тельным, научи́ться пра́вильно обща́ться? Не боя́ться людей (осо́бенно друго́го во́зраста и по́ла), не ждать от них плохо́го? Быть аккура́тным, чистопло́тным, ве́жливым? Име́ть прия́тные мане́ры? Быть компете́нтным специали́стом?

Или гла́вное–на́выки обще́ния? Говоря́т, это таки́е на́выки: а) альтруи́зм, б) оптима́льная диста́нция, в) самоконтро́ль, г) по́лное приня́тие партнёра и безоце́ночность, д) отка́з от исправле́ния партнёра, е) ра́венство.

Прочита́йте об э́тих секре́тах эффекти́вного, пра́вильного обще́ния, отве́тьте на поставленные вопро́сы.

А) Альтруи́зм. Сосредото́читься на себе́ или на други́х?

Не́которые сосредото́чены на себе́ и свои́х пережива́ниях. Но для обще́ния на́до уме́ть иногда́ сосредото́читься и на други́х лю́дях. Интересова́ться их мне́нием, рабо́той, жи́знью. Вника́ть в их настрое́ние и интере́сы. Сочу́вствовать им, доверя́ть, быть доброжела́тельным, ве́жливым, помога́ть им, забо́титься о них.

Как вы ду́маете, э́того легко́ дости́чь? Или это тре́бует сли́шком большо́го напряже́ния, самоотве́рженности?

4 효과적인 교제의 비법이 도움이 됩니까 혹은 도움이 되지 않습니까?

사교적이 되는 것과 올바르게 교제하는 것을 어떻게 배울 수 있습니까? 사람들을(특히 다른 연령과 성을 가진 사람들을) 두려워하지 않을 수 있습니까, 그리고 그들에게서 나쁜 것을 기대하지 않을 수 있습니까? 정확하고, 순결한, 예의바른 사람이 될 수 있을까요? 남을 기쁘게 해주는 태도를 가질 수 있을까요? 통달한 전문가가 될 수 있을까요?

혹은 중요한 것은 교제에 대한 습관적 반응일까요? 사람들은 이것이 다음과 같은 반응들이라고 합니다.

а) 이타주의 б) 가장 적당한 거리 в) 자기통제 г) 파트너에 대한 완전한 수용과 남을 평가하지 않음 д) 파트너를 고치려하지 않음 е) 평등

이러한 효과적이고 올바른 교제의 비법에 관해 다 읽고 나서, 주어진 질문에 답하세요.

A) 이타주의, 자신에게 집중해야 합니까 아니면 다른 이들에게 관심을 쏟아야 합니까?

몇몇 사람들은 자신과 자기의 심리적 상태에 집중합니다. 그러나 교제를 위해서는 때때로 다른 사람들에게도 집중할 수 있는 능력을 가지는 것이 필요합니다. 그들의 의견과 일, 생활에 관심을 가져야합니다. 그들의 기분과 관심을 깊게 살펴야 합니다. 그들과 공감하고, 믿고, 호감을 주고, 예의 바르고, 그들을 도와주고, 그들을 걱정해 주어야 합니다.[5)]

당신은 어떻게 생각하십니까? 이러한 것들이 쉽게 얻어집니까? 아니면 이것은 아주 큰 긴장과 자기희생을 요구하는 것입니까?

---

5) 부록1 〈4〉원형부정사 해석을 참고하시오.

주요 구문과 표현

1. вника́ть/вни́кнуть во что ~을 깊이 탐구하다, 살피다

예) Он пове́рхностный челове́к, и он не мо́жет глубоко́ вни́кнуть в то, что чита́ет.

2. сочу́вствовать кому–чему ~를 동정하다(위로하다), ~와 공감하다

예) Она расста́лась с му́жем, все сочу́вствуют ей.

3. забо́титься о ком, о чём ~를 걱정하다

예) Ка́ждый до́лжен забо́титься о своём здоро́вье.

Никто́, кроме роди́телей, не бу́дет забо́титься о де́тях.

4. достига́ть/дости́чь це́ли, успе́ха, сла́вы, результа́та

~(목적, 성공, 영예, 결과)를 얻다, 도달하다

예) Чтобы дости́чь сла́вы или успе́хов, на́до мно́го рабо́тать.

Б) Оптима́льная диста́нция. Отдаля́ться или сближа́ться?

В свои́х отноше́ниях с окружа́ющими лю́ди ча́сто впада́ют в кра́йности. Пе́рвая: они́ о́чень сближа́ются и растворя́ются друг в дру́ге, перека́рмливают собо́й друг дру́га, а пото́м устаю́т от э́того и расстаю́тся. Втора́я кра́йность: де́ржат сли́шком большу́ю диста́нцию. И это то́же не вы́ход: хо́лод разруша́ет отноше́ния, появля́ется отчужде́ние. Кра́йности вредя́т отноше́ниям, на́до найти́ золоту́ю середи́ну, найти́ оптима́льную диста́нцию: когда–то обща́ться те́сно, когда–то побы́ть одному́, это де́лает отноше́ния динами́чными.

Как вы полага́ете, е́сли у партнёров потре́бность в ра́зной диста́нции, что на́до де́лать? Перевоспи́тывать себя́, лома́ть свой хара́ктер? Или иска́ть бо́лее подходя́щего партнёра?

В) Самоконтро́ль. Контроли́ровать себя или нет?

Самоконтро́ль счита́ется осно́вой осно́в в обще́нии. Что́бы эффекти́вно обща́ться, на́до:

–смотре́ть на себя́ со стороны́, контроли́ровать выраже́ние свои́х чу́вств;

–не говори́ть на неприя́тные собесе́днику те́мы;

–серьёзно обду́мывать кри́тику в свой а́дрес;

–быть и́скренним, не надева́ть ма́ску;

–быть чистопло́тным и краси́вым насто́лько, наско́лько э́то возмо́жно при ва́ших да́нных: каки́ми нас ви́дят, таки́ми и воспринима́ют.

Как вы ду́маете, что здесь наибо́лее и наиме́нее ва́жно? Или, как счита́ют не́которые, в обще́нии самоконтро́ль вообще́ не ну́жен: ведь обще́ние– это расслабле́ние?

주요 구문과 표현

~насто́лько, наско́лько возможно 가능한 한 그만큼~

예) Надо организова́ть юбиле́й торже́ственно – насто́лько, наско́лько это возмо́жно при тако́м небольшо́м бюдже́те.

예) Нужно офо́рмить витри́ну краси́во – насто́лько, наско́лько это возмо́жно в тако́м ста́ром зда́нии.

Б) 최적의 거리, 멀어져야 합니까 아니면 가까워져야 합니까?

주의의 사람들과의 관계에 있어서 종종 다음과 같은 극단에 빠질 때가 있습니다. 첫 번째는 다음과 같습니다. 즉 그들이 너무 가까워서 서로가 서로에게 섞여져서, 서로서로 너무 챙기게 되고 나서 나중에 이것으로 인해 지쳐서 멀어집니다. 두 번째의 극단은 다음과 같습니다. 즉 너무나도 넓은 간격을 유지합니다. 그런데 이것 또한 출구가 아닙니다. 왜냐하면 냉담은 관계를 파괴하여, 분리가 나타나게 될 것이기 때문입니다. 극단은 인관관계에 해를 끼칩니다. 따라서 중용을 찾아 가장 적절한 거리를 찾을 필요가 있습니다. 즉 때로는 긴밀하게 교제하고, 때로는 혼자 지내는 이러한 것이 관계를 역동적으로 만듭니다.

만약에 상대방이 다른 간격을 두고 지내자고 당신에게 요구한다면 어떻게 할 필요가 있다고 생각하십니까? 자신을 재교육해서 자신의 성격을 완전히 없애 버릴 겁니까? 아니면 좀 더 적합한 파트너를 찾을 겁니까?

В) 자기통제, 자신을 통제해야 합니까 혹은 아닙니까?

자기통제는 교제에 있어 기본중의 기본(가장 기본적인 것)으로 여겨집니다. 효과적으로 교제하기 위하여 다음과 같은 것이 필요 합니다.

- 여러 면에서 자신을 보는 것, 자신의 감정표현을 통제하는 것
- 불유쾌한 주제로 이웃에게 이야기하지 말 것
- 자신에 관한 비판을 진지하게 숙고하는 것
- 진실 되며, 가면을 쓰지 않는 것
- 당신의 주어진 것에서(주어진 외모가) 가능한 한 그만큼 순결하고 아름다울 것. 왜냐하면 사람들은 우리를 보는 만큼 그대로 우리를 이해하기 때문에.

여기에서 무엇이 더 중요하고 덜 중요한 것인가에 대해 당신은 어떻게 생각하십니까? 혹은, 몇몇 사람들이 생각하듯이, 바로 그 교제가 사람을 약하게 만드는 것이기에, 교제에서 자기통제는 결코 필요치 않습니까?

Г) Дава́ть други́м оце́нки? Никого́ не оце́нивать?

Существу́ют лю́ди, кото́рые о́чень це́нят в себе́ прямоту́. Всё, что они́ ду́мают, говоря́т други́м в глаза́. Они́ осужда́ют тех, кто говори́т одно́, ду́мает друго́е, а де́лает тре́тье: тогда́ поведе́ние не соотве́тствует ни слова́м, ни мы́слям. Но психо́логи счита́ют, что для эффекти́вного обще́ния на́до принима́ть люде́й таки́ми, каки́е они есть и не критикова́ть их. Уника́льный, неповтори́мый челове́к в це́лом важне́е, чем его отде́льные недоста́тки.

Любы́е оце́нки, люба́я кри́тика разруша́ют отноше́ния. Никто́ не в состоя́нии до конца́ поня́ть, а зна́чит–суди́ть друго́го: лю́ди несоизмери́мы, как бесконе́чности. Категори́чность– это неги́бко. Оце́нок не должно́ быть никаки́х, в том числе́ положи́тельных: хвали́ть челове́ка мо́жно то́лько за результа́ты и достиже́ния. Есть мне́ние, что зало́г успе́шного обще́ния–относи́ться ко всем, как к свои́м де́тям: всегда люби́ть и всегда проща́ть. Оши́бку, осо́бенно чужу́ю, найти́ нетру́дно, тру́дно её прости́ть.

По–ва́шему, жить без осужде́ния и оце́нок, по́лностью принима́я други́х, – это легко́? Или это тре́бует му́жества, терпе́ния, си́лы во́ли?

Г) 다른 이들에게 비평을 해야 합니까? 아무도 평가하지 말아야 합니까?

스스로 자신을 정직하다고 아주 높이 평가하는 사람들이 있습니다. 그들은 그들이 생각하는 모든 것을 다른 이들에게 그 면전에서 말합니다. 그들은 하나를 말하고, 다른 것을 생각하나, 행함은 또 다르게 하는 그런 사람들을 비난합니다. 즉 그들은 행동이 말과도 생각과도 일치하지 않을 때 비난합니다. 그러나 심리학자들은 효과적인 교제를 위해서는 사람들을 그들이 현재 있는 그대로 받아들이고 그들을 비판하지 않아야 할 필요가 있다고 여깁니다. 독특하고, 둘도 없는(남과 비교할 수 없는) 사람은 그의 개별적인 단점보다는 총체적으로 더 중요합니다.

어떤 평가, 어떤 비판이든 관계를 파괴합니다. 어느 누구도 끝까지 남을 이해하는 상태에 놓일 수 없습니다. 다시 말해 사람들은 공통점이 없기에 끝없이 다른 사람을 판단하게 된다는 것입니다. 무조건적인 것 그것은 융통성이 없는 것입니다. 긍정적인 것을 포함하여 그 어떤 평가도 해서는 안됩니다. 즉 사람을 칭찬할 수는 있는데, 그것도 단지 결과와 성과에 대해서만 할 수 있다는 것입니다. 성공적인 교제를 이루는 증표는 모든 사람을 마치 자신의 아이들을 대하는 것과 같이 대하는 것이라는 견해가 있습니다. 즉 항상 사랑하고 항상 용서하는 것입니다. 특히 타인의 실수는 발견하는 것은 어렵지 않으나, 그것을 용서하기가 어렵습니다.

당신의 생각으로는, 비난이나 평가 없이 다른 이들을 완전히 받아들이면서 사는 것이 쉽습니까? 아니면 그것으로 인해[6] 당신에게 용기, 인내, 의지력이 요구됩니까?

6) 러시아어 무생물 주어를 가진 구문에 대한 해석은 부록 1) ⟨9⟩를 참조 하시오.

주요 구문과 표현

1. соотве́тствовать чему ~에 일치하다, 맞추다

예) Твоя́ маши́на должна́ соотве́тствовать твоему́ высо́кому ста́тусу, поэтому купи́ дорогу́ю маши́ну.

2. в том числе ~을 포함하여

예) Я люблю́ все ви́ды спо́рта, в том числе бокс, кото́рый далеко́ не все лю́бят.

Д) Пыта́ться переде́лывать други́х или нет?

Одни́ счита́ют, что дру́гих люде́й мо́жно переде́лать, а кто–то ду́мает, что измени́ть друго́го челове́ка невозмо́жно. Челове́к ча́сто не мо́жет спра́виться с сами́м собо́й, а ша́нсы измени́ть друго́го вообще́ ничто́жны, равны́ нулю́. И кто зна́ет, ста́ли бы мы счастли́вее, е́сли бы все могли́ переде́лывать всех? В при́нципе, теорети́чески измене́ние друго́го возмо́жно, но то́лько при двух усло́виях. Во–пе́рвых, е́сли мы лю́бим его всегда́ и любо́го (лю́бим безусло́вно, принима́ем по́лностью), во–вторы́х, е́сли он сам захоте́л в себе́ что–то измени́ть.

Ва́ша то́чка зре́ния: на́до пыта́ться измени́ть други́х или нет? Или только себя?

Д) 다른 이들을 바꾸어보려는 시도를 합니까 혹은 하지 않습니까?

어떤 사람들은 남을 바꿀 수 있다고 생각하지만, 누군가는 그것은 불가능하다고 생각합니다. 사람은 종종 자기 자신을 스스로 처리할 수 없으며, 다른 사람을 바꾸어 보려는 기회는 완전히 적어, 그 기회가 아예 없을 수도 있습니다. 만약에 모든 사람들이 모든 것을 개조할 수 있다면 우리가 더 행복해질 수 있을지 어떨지를 과연 누가 알겠습니까? 원칙적으로, 다른 사람을 바꾼다는 것은 이론적으로는 가능하지만, 그것도 단지 두 가지 조건하에서만 가능합니다. 첫째 조건은, 만약에 우리가 그를 항상 어떤 경우라도 사랑하고(조건 없이 사랑하고 완전히 그를 받아 들여준다면), 둘째로는, 만약에 그 스스로가 자신 속에서 무언가 바꾸기를 원한다면 가능합니다.

당신의 관점은 어떠합니까? 즉 다른 사람들을 바꾸려고 시도할 필요가 있습니까 아닙니까? 혹은 단지 자신만 바꾸려고 시도할 필요가 있습니까?

주요 구문과 표현

...е́сли мы лю́бим его любо́го

= *...если мы любим его каким бы он ни был*

예) е́сли мы лю́бим его *больного*(когда он болен.)
어떠한 경우라도 그를 사랑한다면 그가 병들 때라도

бедного~ 그가 가난할 때라도

Е) Ра́венство. Я вы́ше други́х или как все?

Никто́ не спо́рит, что лю́ди о́чень ра́зные: тала́нтливые и со сре́дними спосо́бностями, трудолюби́вые и лени́вые, откры́тые и за́мкнутые. Мно́гие живу́т с подсозна́тельным чу́вством превосхо́дства над други́ми. Но в обще́нии на́до соблюда́ть ра́венство: ни в ко́ем слу́чае не счита́ть други́х ху́же, ни́же себя, никого́ не презира́ть. Други́м на́до помога́ть расти́, соверше́нствоваться.

Ита́к, вы прочита́ли о не́которых секре́тах обще́ния. Пронумеру́йте их по сте́пени ва́жности. Аргументи́руйте, почему́ вы счита́ете что–то бо́лее, а что–то ме́нее ва́жным. Что бы вы доба́вили к э́тому спи́ску? Как вы ду́маете, е́сли вы сле́дуете э́тим пра́вилам, а ваш партнёр (друг, люби́мый, ро́дственник, колле́га, нача́льник, подчинённый)–нет, полу́чится ли у вас полноце́нное обще́ние?

E) 평등. 나는 다른 사람들보다 더 낫습니까 혹은 모든 사람들과 같습니까?

사람들이 너무나 다양하다고 하는 데에는 아무도 의견을 달리하지 않습니다. 즉 재능이 있는 자들과 보통의 능력을 가진 자들, 근면한 자들과 게으른 자들, 외향적인 자들과 내성적인 자들이 있습니다. 많은 사람들은 자신이 다른 사람들보다 우월하다는 잠재의식적 느낌을 가지고 살고 있습니다. 하지만 교제에서는 평등을 지켜야 할 필요가 있습니다. 왜냐하면 어떤 경우라 할지라도 다른 이들을 자신보다 더 못하다고, 더 낮다고 여겨서는 안 되고 어느 누구도 경멸해서는 안 되기 때문입니다. 다른 사람이 성장하고 완성되는 것을 도와줄 필요가 있습니다.

그래서 결국, 당신은 몇가지 교제의 비법에 대해 다 읽게 되었습니다. 그것들을 중요성의 정도에 따라 번호를 메기세요. 왜 당신이 어떤 것은 더 중요한데, 어떤 것은 덜 중요하다고 여기는지 논증하세요. 당신은 이러한 리스트에다 무엇을 덧붙이고자 합니까? 만약에 당신이 이러한 규칙들을 따르는데, 당신의 파트너(친구, 애인, 친척, 동료, 상사, 부하직원)가 따르지 않는다면, 당신에게 충분한 가치가 있는 교제가 이루어질까요, 아닐까요? 당신은 어떻게 생각하십니까?

주요 구문과 표현

부정의 구문을 대신하는 대용사 нет

앞절은 긍정이고 이것과 대조를 이루는 부정구문이 뒤에 있을 때 이를 생략구문으로 간단히 нет만으로 표현할 수 있다. 이 때에 어떤 시제이든, 앞절의 서술어가 일반동사이건, 조동사구문이건 상관 없이 대용사는 нет을 쓸 수 있다.

예) Вы сле́дуете э́тим пра́вилам, а ваш партнёр–нет (=*не следует*).

예) Он лю́бит путеше́ствия и пое́здки, а его жена́–нет (=*не любит*).

예) Я до́лжен следи́ть за соблюде́нием чистоты́ на работе, а он–нет (=*не должен*).

예) У вас всегда́ жа́рко, а у нас–нет (=*не жарко*).

예) Он краси́вый и че́стный, а она–нет (=*не красивая и не честная*).

예) Она профе́ссор, а он–нет (=*не профессор*).

5 Ссоры в общении неизбежны? Их можно избежать?

Одни́ лю́бят конфли́кты, ссо́ры, счита́ют, что их нельзя́ избежа́ть, что они́ разнообра́зят жизнь и в ито́ге сближа́ют. Это фо́рма адапта́ции друг к дру́гу. Люби́тели ссор чу́вствуют себя́ в них о́чень комфо́ртно. Други́е во вре́мя ссо́ры и́ли да́же небольшо́го спо́ра тяжело́ страда́ют. С их то́чки зре́ния, ссо́ра не разреша́ет конфли́кт, а разжига́ет его. По́сле ссо́ры остаётся го́рький оса́док, мы теря́ем лицо́, и стано́вятся ху́же о́ба: и пра́вый, и винова́тый, навсегда́ разруша́ются пре́жние хоро́шие отноше́ния. Ссо́ра (зачасту́ю из–за пустяка́) мо́жет привести́ к по́лному разры́ву.

А как вы отно́ситесь к ссо́рам: они сдвига́ют отноше́ния люде́й вперёд и́ли наза́д? А мо́жет быть, ссо́ры действи́тельно сближа́ют бо́льше, чем, друго́е времяпровожде́ние(совме́стный просмо́тр телеви́зора, наприме́р)?

5 교제에서 다툼은 피할 수 없는 것입니까? 그것들을 피하는 것이 가능합니까?

어떤 이들은 갈등, 다툼을 좋아하여 그것들은 피하는 것이 불가능하고 그것들은 인생을 다채롭게 만들고 결국에는 서로 친해지게 만들어주는 것이라고 여깁니다. 이것이 서로가 서로에게 적응하는 형태입니다. 다툼을 좋아하는 자들은 그 속에서 자신이 아주 편하다고 느낍니다. 다른 이들은 다툴 때나 혹은 심지어 크지 않은 말다툼을 할 때라 할지라도 심하게 고통을 당합니다. 그들의 관점에서 볼 때 다툼은 갈등을 해결하는 것이 아니라 그것에 불을 붙입니다. 다툼 후에는 쓰디 쓴 앙금이 남게 되고, 우리는 체면을 잃어 버리고, 옳은 자도 비난 받을 자도 둘 다 더 나쁜 상태로 되어버릴 것이고 전의 좋은 관계가 영원히 파괴되어집니다. (자주 하찮은 일 때문에 생긴) 다툼은 완전한 분열로 이끌 수도 있습니다.

그렇다면 당신은 다툼을 어떻게 처리하십니까? 다시 말해서, 그것들이 사람들의 관계를 앞으로 진전 시키십니까 아니면 뒤로 후퇴시킵니까? 그리고 어쩌면 다툼은 다른 시간 보내는 일(예로, 같이 텔레비전을 보는 것)보다 실제로 서로를 더 가깝게 만들지도 모릅니다.

주요 구문과 표현

1. нельзя́ + 완료상 동사 ~하는 것이 불가능하다

예) Есть мно́гие ве́щи, кото́рых нельзя́ избежа́ть, наприме́р, зачёты и экза́мены. 피하는 것이 불가능한 많은 일들이 있다, 예로, 쪽지시험과 시험.

2. с то́чки зре́ния кого́ / с чьей то́чки зре́ния ~의 관점에서 볼 때

예) С мое́й то́чки зре́ния, ссор на́до избега́ть.
С то́чки зре́ния психо́логов, ссор на́до избега́ть.

3. разреша́ть конфли́кт 갈등을 해결하다

реша́ть конфли́кт보다는 разреша́ть конфликт를 사용한다.

참고로 разреша́ть/разреши́ть, реша́ть/реши́ть과 연결되는 어결합을 살펴본다.

1) разреша́ть/разреши́ть와 연결되는 주요 어결합:
конфли́кт, кри́зис, недоразуме́ние, междунаро́дную пробле́му…

2) разреша́ть/разреши́ть–реша́ть/реши́ть 둘 다 가능한 어결합:
вопро́с, спор, де́ло…

3) реша́ть/реши́ть만 가능한 어결합:
зада́чу, интегра́л, кроссво́рд, головоло́мку…

6 Вместо ссор–переговоры?

Не́которые счита́ют, что хотя́ конфли́кт–вещь о́чень тру́дная (ка́ждый счита́ет себя́ пра́вым!), но из любо́й конфли́ктной ситуа́ции мо́жно найти́ досто́йный вы́ход. Лу́чшее реше́ние–не ссо́ра и спор, а перегово́ры. От ссо́ры перегово́ры отлича́ются тем, что партнёры смо́трят друг дру́гу в глаза́, говоря́т тёплым то́ном, улыба́ются, прилага́ют все си́лы, чтобы уви́деть пробле́му с то́чки зре́ния друго́го. И свои́ эмо́ции откры́то выража́ют слова́ми, причём как мо́жно ясне́е, не ухо́дят от конфли́кта, не боя́тся оце́нок в свой а́дрес. Тогда́ вме́сто плохо́го результа́та (тупика́) мо́жно получи́ть хоро́ший: ли́бо пойти́ на взаи́мные усту́пки (мо́жно уступа́ть по о́череди), ли́бо дости́чь компроми́сса. Одна́ко не все ве́рят в то, что любо́й конфли́кт мо́жно разреши́ть путём перегово́ров. Им ка́жется, что это то́лько краси́вая тео́рия, неосуществимая в реа́льной жизни.

А вы что думаете?

6 다툼 대신에–교섭?

몇몇 사람들은 갈등이 무척 어려운 것이기는 하지만(각자가 다 자신이 옳다고 여기니까!), 그러나 어떤 갈등 상황에서 건 당연한 출구를 찾을 수 있다고 여깁니다. 더 좋은 결정은 다툼과 논쟁이 아니라, 교섭입니다. 교섭은 다툼과 다음과 같은 점에서 차이가 납니다. 즉 교섭할 때는 파트너들이 서로서로 얼굴을 맞대고 부드러운 톤으로 얘기하고, 미소 짓고, 다른 사람의 관점에서 문제를 보기 위해 전력을 다합니다. 그리고 자신의 감정을 말로 드러내놓고 표현하고, 덧붙여 가능한 한 더 분명하게, 갈등에서 떠나버리지 않고, 자신에 관한 비평을 두려워하지 않습니다. 그러면 나쁜 결과(막다른 골목) 대신에 좋은 결과를 얻을 수 있습니다. 다시 말하자면 그것은 상호 양보(순서대로 양보할 수 있는 것)로 가든지 혹은 절충하든지 하는 것입니다. 그러나 어떤 갈등이든지 교섭을 통해 해결할 수 있다는 것을 모든 사람들이 다 믿는 것은 아닙니다. 그들에게는 이것은 단지 아름다운 이론에 불과하고, 실제 생활에서는 실현 불가능한 것일 듯합니다.

그런데 당신은 어떻게 생각하십니까?

주요 구문과 표현

1. от Б А отлича́ется чем (тем, что~)
= А отличается от Б чем (тем, что~) А는 Б와 ~에서 차이가 난다

예) От на́шей страны́ ва́ша страна́ отлича́ется кли́матом.
Эти стра́ны отлича́ются друг от друга кли́матом.

2. ве́рить во что (в то, что~) ~(의 존재, 실현, 위력 등)을 믿다, 기대를 가지다

예) Она ве́рит в добро́ и справедли́всоть.
예) Она ве́рит в то, что добро́ и справедли́вость существу́ют.

3. путём чего ~한 방법, 수단에 의하여

реша́ть/реши́ть что путём перегово́ров, компроми́сса, усту́пок~

예) Все пробле́мы мо́жно реши́ть путём компроми́сса.

Разыгрываем диалоги

Разыграйте диалоги в соответствии с ситуациями.

다음의 상황들에 맞게 역할극을 하세요.

1. А: То́чность– это проявле́ние ве́жливости, интеллиге́нтности, соблюде́ние этике́та. Опозда́ния–ха́мство, душе́вная глухота́. Б: Это старомо́дно: но́вая мо́да у боге́мы–опа́здывать!
2. А: На́до поступа́ть на специа́льные ку́рсы, что́бы научи́ться обща́ться. Б: Мо́жно научи́ться самому́ по кни́гам, по сове́там ста́рших. В: Доста́точно приро́дного чутья́ и здра́вого смысла.
3. А: Как подави́ть депре́ссию? Многочасово́й шо́ппинг? Б: Разгово́р с психотерапе́втом! В: Бы́страя езда! Г: Исповедь!
4. А: Пода́рки в обще́нии не име́ют никако́го значе́ния, не и́грают никако́й ро́ли! В: Любы́е отноше́ния де́ржатся на пода́рках!
5. Разгово́р танцо́ра и певца́, что лу́чше спосо́бствует обще́нию– пе́сня или та́нец?
6. А: Если супру́г–писа́тель, э́то большо́е досто́инство, предме́т го́рдости! Б: Это серьёзный недоста́ток: ничего́ не де́лает по до́му!
7. А: Я бо́льше никогда́ не буду де́лать лю́дям добро́: они неблагода́рны. Б: Зна́чит, твоё «добро́» было коры́стным?
8. А: Са́мое интере́сное обще́ние–с писа́телями, поэ́тами, компози́торами... Б: Тво́рческие лю́ди ча́сто эгоисти́чны.
9. Подру́ги размышля́ют, люба́я ли кри́тика опа́сна для отноше́ний, и́ли иногда́ мо́жет быть поле́зна проду́манная (такти́чная, с

до́брым сове́том) кри́тика?

Пишем сочинение

1. Одино́чество или акти́вное обще́ние?
2. Одино́чество–моя вина́?
3. Никто́ не хо́чет быть одино́ким да́же в раю́ (итальянская пословица).
4. Того́, кто лю́бит себя́, и други́е полю́бят.
5. Золоты́е пра́вила обще́ния.
6. Научи́ться пра́вильно обща́ться–стать счастли́вым?

Дополнительный материал 보충 자료

Познакомьтесь с пословицами, скажите, какая вам нравится больше всего и почему.

속담을 알아보고, 어떤 것이 가장 마음에 드는지, 그 이유는 무엇인지 말해 보세요.

Русские пословицы 러시아어 속담

- Сло́во–серебро́, молча́ние–зо́лото. 말은 은이고, 침묵은 금이다.
- Не осужда́йте, да не осужде́ны бу́дете. 비난하지 마라, 그리고 비난 받게 하지도 마라.
- Уме́й во́время сказа́ть, во́время смолча́ть. 제때에 말할 수 있고, 제때에 침묵해야 한다.
- От одного́ сло́ва–да на век ссо́ра. 한 마디 말로부터 그러나 영원한 불화(말은 한마디이나, 그것으로부터 영원한 불화가 생긴다.)
- Всяк сверчо́к знай свой шесто́к. 모든 귀뚜라미는 자신의 작은 난로대를 알라: 자신의 분수를 알라.
- Спо́рить спорь, а брани́ться грех. 말다툼은 할지라도, 그러나 서로 욕설하지는 마라. (욕설은 죄가 되기에)

주제 6

우정에 대하여, 혹은 그늘 없는 빛

Тема 6

О дружбе, или Свет без тени

1 Круг общения: знакомый–приятель–друг–лучший друг

Есть ра́зница ме́жду слова́ми знако́мый (челове́к, кото́рого вы зна́ете), прия́тель (знако́мый, с кото́рым вы вме́сте рабо́таете, у́читесь и вре́мя от вре́мени встреча́етесь, что́бы пообща́ться, испы́тываете взаи́мную симпа́тию), друг (тот, с кем вы де́литесь са́мым сокрове́нным, са́мый бли́зкий челове́к) и лу́чший друг (са́мый бли́зкий из друзе́й).

Вы могли́ бы показа́ть на каки́х–нибу́дь конкре́тных приме́рах, что знако́мый, прия́тель, друг и лу́чший друг– о́чень ра́зные поня́тия?

1 교제 범위: 안면 있는 자—동료—친구—절친한 친구

안면 있는 자(알고 있는 자)-동료(직장동료, 학교친구, 교제를 위해 때때로 만나 상호 공감을 경험하는 지인), 친구(당신이 그와 가장 은밀한 것을 나눌 수 있는 친구, 가장 가까운 사람)와 절친한 친구(친구 중 가장 가까운 자) 라는 단어들 사이에 차이가 있습니다.

당신은 이러한 구분(안면이 있는자, 동료, 친구, 절친한 친구)이 아주 다른 개념이라는 것을 어떤 구체적인 예로 보여주실 수 있나요?

주요 구문과 표현

1. дели́ться/подели́ться чем с кем~ ~와 -을 나누다, 함께하다

예) Он де́лится с ней са́мым сокрове́нным. 그는 그녀와 가장 은밀한 것을 함께한다.

예) Она всегда де́лится с ним ра́достными новостя́ми, а огорче́ния от него скрыва́ет. 그녀는 그와 기쁜 소식은 함께 나누지만, 그에게 고뇌는 숨긴다.

2. пока́зывать/показа́ть что на чём -을 ~로 보여주다

예) Он показа́л мне спо́собы реше́ния пробле́мы на конкре́тных приме́рах. 그는 문제 해결의 방법을 구체적인 예들로 보여주었다.

2 Неписаные правила дружбы–что в них главное?

Есть пра́вила поведе́ния, кото́рые нигде́ не напи́саны, но все люди стараются приде́рживаться их. Это так называемые непи́саные пра́вила. У дру́жбы то́же они есть. Прочита́йте, что ну́жно для настоя́щей дру́жбы. Расположите э́ти пра́вила по сте́пени их ва́жности (во–пе́рвых... во–вторы́х... в тре́тьих...).

Ита́к, что для дру́жбы гла́вное? Совмести́мость (нам хорошо́ вме́сте: с дру́гом не на́до притворя́ться, мо́жно быть сами́м собо́й)? Надёжность, пре́данность, ве́рность (на́до выполня́ть обеща́ния, не предава́ть и не броса́ть друг дру́га, осо́бенно в беде́, храни́ть секре́ты друг дру́га, осо́бенно инти́мные)? Взаимопо́мощь (мы помога́ем друг дру́гу, подде́рживаем друг дру́га)? Сочу́вствие (мы защища́ем друг дру́га, а если друг винова́т, мы его не опра́вдываем, но и не добива́ем)? Чу́ткость, делика́тность (мы без слов понима́ем друг дру́га, не унижа́ем, не оскорбля́ем друг дру́га)? И́скренность (мы открыва́ем друг дру́гу свою́ ду́шу, и́скренне ра́дуемся за дру́га)? Че́стность (мы правди́вы друг с дру́гом, возвраща́ем долги́ друг дру́гу: ведь друг не до́йная коро́ва и не ня́нька)? Дове́рие (мы всеце́ло доверя́ем друг дру́гу, уве́рены друг в дру́ге)? Терпи́мость (мы принима́ем дру́га со все́ми его сла́бостями, не ревну́ем друзе́й к их люби́мым и друзья́м)?

2 써 있지 않는 우정의 법칙–그 속에서 무엇이 중요한 것입니까?

어디에도 써 있지 않은 행동의 법칙들이 있습니다. 어디에도 써 있지 않지만 모든 사람들은 그것을 따르려고 노력하고 있습니다. 이것이 소위 불문률입니다. 우정에도 또한 그러한 법칙들이 있습니다. 현재의 우정을 위해 무엇이 필요한가를 읽어 보십시오. 그 중요성의 단계별로 이러한 법칙들을 배열하십시오.(첫째로, 둘째로, 셋째로, …)

그러면 결국 무엇이 우정을 위해 중요합니까?(친구와 함께 하면 좋다. 즉 친구와 함께라면 가장할 필요가 없고, 그 사람 자체로 있을 수 있는) 공존성입니까? 희망, 충실성, (약속을 수행할 필요가 있고, 특히 곤란할 때 서로서로를 배신하지 않고, 버리지 않고, 서로서로 특별히 친밀한 비밀을 지켜주는 것인) 신뢰입니까? (우리가 서로서로 도와주고, 서로서로 의지하는) 상호협조입니까? (우리가 서로 보호해주고, 만약 친구가 비난 받는다면 우리가 그를 정당화하지는 않으나, 그를 완전히 부셔버리지도 않는다는) 공감입니까? (우리가 말 없이도 서로서로 이해하고, 헐뜯지 않고, 서로 모욕하지 않는다는) 이해심, 섬세함입니까? (우리가 서로 자신의 마음을 열어, 진실하게 친구를 위해 기뻐한다는) 진실성입니까?(우리가 서로서로에게 진실하며, 빚을 서로에게 갚는다. 즉 정말로 친구는 돈줄이 아니고 유모가 아니라는) 정직성입니까?(우리가 완전히 서로서로 믿고, 서로를 확신한다는) 신뢰입니까?(우리가 모든 연약함을 가진 친구를 이해하고, 그들의 애인들과 친구들 때문에 친구들을 질투하지 않는다는) 인내심입니까?

주요 구문과 표현

1. доверя́ть/дове́рить, дове́рие кому/чему ~에 대해 신용하다, ~에 대한 신용(신뢰)

> 예) Обы́чно друзья́ доверя́ют друг дру́гу.
>
> 예) У населе́ния этой страны́ есть доверие своему́ прави́тельству.

2. кто уве́рен в чём, в ком ~을 확신하다, 신뢰하다

> 예) Я уве́рен в своём дру́ге: он никогда́ не бро́сит меня в беде́.

3. ревнова́ть кого к кому (к чему) ~를 ~때문에 질투하다

> 예) Он ревну́ет свою́ жену́ к прия́телю. 그는 자신의 처를 동료(와의 관계) 때문에 질투하고 있다.

〈비교〉 кто зави́дует кому (39쪽 설명참조)

3 С кем водить дружбу, а с кем–нет?

Не секре́т, что иногда́ лю́ди созна́тельно не дру́жат с те́ми, кого́ они́ счита́ют неуда́чниками. От челове́ка с несложи́вшейся ли́чной жи́знью и не сде́лавшего карье́ру они́ стара́ются держа́ться пода́льше, не сближа́ться с ним: ведь тако́му челове́ку на́до помога́ть, выслу́шивать жа́лобы на судьбу́! Други́е, наоборо́т, избега́ют тех, кто сли́шком успе́шен, сде́лал блестя́щую карье́ру: ря́дом с чужи́м успе́хом жить мо́жет быть нелегко́. Да и кто зна́ет, как и како́й цено́й э́тот успе́х дости́гнут…

С кем прия́тнее дружи́ть, по–ва́шему, и почему́?

3 누구와는 우정을 가질 수 있고,누구와는 가질 수 없습니까?

때때로 사람들은, 그들이 성공하지 못한 자로 여겨지는 그런 사람들과 의식적으로 사귀지 않는다는 것은 누구나 다 아는 사실입니다. 사람들은 성숙되지 못한 사생활을 갖은 사람과 출세하지 못한 사람으로부터 좀 더 멀리 거리를 두려 하고 그와 가까이 하지 않으려고 합니다. 다시 말하자면 실제로는 그런 사람들은 도와줄 필요가 있고, 그들의 운명에 대한 푸념(팔자타령)을 귀 기울여 들어주어야 하는데도 말입니다! 반대로 어떤 다른 사람들은 아주 성공하여 잘 나가는 사람들(빛나는 커리어를 쌓은 사람들)을 피합니다. 왜냐하면 다른 이의 성공 옆에서 사는 것이 아마도 쉽지 않기 때문일겁니다. 어떻게 그리고 어떤 값을 치루고 이러한 성공을 그들이 획득했는지를 정말이지 누가 알 수 있겠습니까?…

당신의 생각으로는 누구와 더 친하게 지낼 수 있습니까? 그 이유는요?

주요 구문과 표현

1. жа́лоба와 жа́лобы는 형태가 비슷해 보이나 다른 의미를 가지고 있다. 즉 жа́лоба는 공식적으로 서면으로 불만을 토로하는 소송에 해당하는 단어이고, жа́лобы는 부정적인 성격의 말로 하는 발화로 한국어의 불평, 푸념등의 단어와 비슷한 성격을 지니다.

жа́лоба на кого, на что

예) Нача́льник получи́л жа́лобу подчинённого на оши́бку бухга́лтера.

жа́лобЫ на судьбу

예) То́лько друзья́ мо́гут слу́шать на́ши жа́лобы на судьбу́ с сочу́вствием.

2. **де́лать/ сде́лать карье́ру** 출세하다, 성공하다

예) Он пока́ не собира́ется жени́ться, он де́лает карье́ру.

3. **что (у кого) сложи́лось–что (у кого) не сложи́лось**

이루어지다.성립하다. –이루어지지 않다. 성립하지 않다.

예) Ли́чная жизнь у неё сложи́лась, она сча́стлива в браке.

예) Ли́чная жизнь у нее и её до́чери не сложи́лась–она разведена́, а её дочь неза́мужем.

예) Она челове́к со сложи́вшейся (несложи́вшейся) ли́чной жи́знью.

4 Профессия друга важна или не очень?

Кто–то подхо́дит к дру́жбе утилита́рно: лу́чше дружи́ть с те́ми, у кого́ кака́я–то ну́жная профе́ссия, наприме́р, врач (даст медици́нский сове́т), прокуро́р (даст сове́т, если вам предстои́т суд), по́вар и т.д. А други́е ду́мают, что выбира́ть дру́га из–за его профе́ссии– это лицеме́рие, это всё равно́ что дружи́ть с до́лжностью, а не с челове́ком. Таки́е отноше́ния назва́ть дру́жбой нельзя́.

Вы с э́тим согла́сны?

5 Лучше, когда друзья похожи или когда они разные?

Подсозна́тельно лю́ди о́чень ча́сто выбира́ют в друзья́ тех, кто похо́ж на них по хара́ктеру, ро́ду де́ятельности, о́бразу жи́зни, материа́льному положе́нию: так психологи́чески комфо́ртнее. Но говоря́т, что для разви́тия ли́чности лу́чше дружи́ть с тем, кто на вас совсе́м не похо́ж. Ка́ждый челове́к открыва́ет нам но́вую доро́гу, но́вый мир, но́вое не́бо.

Что вы ду́маете об э́том?

С кем из жи́вших и живу́щих ны́не выдаю́щихся люде́й вы хоте́ли бы дружи́ть? Они́ похо́жи или не похо́жи на вас?

Хоте́ли бы вы име́ть дру́га–своего́ двойника́?

4 친구의 직업은 중요합니까 아니면 그다지 중요치 않습니까?

어떤 이는 우정에 관하여 실용적으로 접근합니다. 즉 예를 들어 의사(의학적인 조언을 줄 것입니다.), 검찰(만약 당신이 법정에 선다면 충고를 할 것입니다.)과 요리사 등등과 같은 어떤 필요한 직업을 갖고 있는 사람들과 사귀는 것이 더 좋다고 생각합니다. 한편 다른 이들은 그의 직업 때문에 친구를 선택하는 것, 그것은 위선이고, 그것은 직책과 사귀는 것이지, 사람과 사귀는 것이 아닌 것과 같다고 생각합니다. 그런 관계를 우정이라고 부를 수 없다고 생각합니다.

당신은 이러한 생각에 동의하십니까?

5 친구들이 (당신과) 비슷할 때가 더 좋습니까 아니면 그들이 다를 때가 더 좋습니까?

무의식적으로 사람들은 너무나 자주 친구들로 성격, 행동양식, 생활모습, 물질적 여건상 자기들과 비슷한 사람들을 선택합니다. 왜냐하면 그것이 심리적으로 더 안정되기 때문입니다. 그러나 개성의 발전을 위하여 자신과 조금도 닮지 않은 사람과 사귀는 것이 더 좋다고들 합니다. 각 사람은 우리에게 새로운 길, 새로운 세상, 새로운 하늘을 열어줍니다.

당신은 이것에 대해 어떻게 생각하십니까? 과거에 살았던, 현재 살고 있는 탁월한 사람들 중에서, 당신은 누구와 같이 사귀고 싶습니까? 그들은 당신과 닮았습니까 아니면 닮지 않았습니까?

당신은 자신의 분신과 같은 친구를 갖고 싶으십니까?

주요 구문과 표현

выбира́ть/вы́брать кого в кого (в друзья́, в руководи́тели)

~를 ~로 선택하다

예) Люди выбира́ют в друзья́ тех, кто похо́ж на них. 사람들은 자기들과 닮은 사람들을 친구로 선택한다.

6 Могут ли дружить люди с очень разными доходами?

Очень бога́тые лю́ди ча́сто ду́мают, что и́скренняя, про́чная дру́жба возмо́жна то́лько ме́жду людьми́ с одина́ковыми дохо́дами. Ра́зные дохо́ды мо́гут разру́шить дру́жбу, они́ ей меша́ют. Когда́ материа́льное положе́ние друзе́й о́чень ра́зное, это иногда́ быва́ет оскорби́тельно для самолю́бия того́, кто бедне́е. Кро́ме того́ бога́тые друзья́ до́рого обхо́дятся челове́ку: на́до соотве́тствовать их у́ровню жи́зни... С э́тим согла́сны далеко́ не все: де́ньги и дру́жба не зави́сят друг от дру́га, одно́ с други́м не свя́зано.

А что ду́маете вы? Возмо́жна ли дру́жба ме́жду людьми́ с о́чень ра́зными дохо́дами? Часто́ ли быва́ет, что чем бога́че челове́к, тем бо́льше у него́ друзе́й: бу́дут де́ньги– друзья́ найду́тся! И́ли, наоборо́т, у бога́тых люде́й обы́чно не быва́ет и́скренних друзе́й? Ве́рно ли говорят, что если хо́чешь быть бога́тым, позабу́дь о дру́жбе? И наоборо́т– мно́го ли друзе́й у челове́ка, кото́рый живёт за гра́нью бе́дности?

6 너무나 다른 수입을 갖고 있는 사람들과 사귀는 것이 가능합니까?

아주 돈이 많은 사람들은, 진정한 순수한 우정은 자신과 같은 수입을 갖고 있는 사람들 사이에서만 가능하다고 종종 생각합니다. 수입이 다른 것은 우정을 헤칠 수 있고, 그래서 그것은 우정을 방해합니다. 친구들의 물질적 여건이 아주 다를 때, 좀 더 가난한 사람들의 자존심에는 때때로 그것이 모욕적일 수 있습니다. 게다가 부자 친구들을 사귀려면 돈이 많이 들어갑니다. 왜냐하면 그들의 생활수준을 맞출 필요 등등이 있기 때문입니다. 이러한 의견에 동의하는 사람이 결코 모두는 아닙니다. 돈과 우정은 서로 의존적이지 않고, 서로 연관이 없기 때문입니다.

그렇다면 당신은 어떻게 생각하십니까? 수입이 다른 사람들 사이에 우정이 가능합니까 아닙니까? 그가 부자면 부자일수록 그에게 친구가 많아지는 일이 종종 일어납니다. 다시말해, 돈이 있게 되면, 친구들을 찾을 수 있게 되지요! 아니면 반대입니까? 부자들에게는 종종 진정한 친구가 없습니까? 부자가 되기를 바라면 우정에 대해서는 잊어버리라고들 하는 말이 맞습니까 아닙니까? 아니면 그 반대의 경우로 빈궁하게 사는 사람에게 친구가 많습니까, 많지 않습니까?

주요 구문과 표현

1. челове́к, который живёт за гра́нью бе́дности = ни́щий (человек) 빈궁한자, 너무나 가난한 자

2. обхо́диться/обойти́сь 비용이 들어간다.
что обхо́дится/обошло́сь кому дёшево/до́рого

예) Дешёвые поку́пки иногда́ до́рого обхо́дятся.
싼 물건을 사는 게 때때로 돈이 더 들어간다.

예) Он ра́довался, что така́я прекра́сная кварти́ра ему так дёшево обошла́сь.
그런 아름다운 아파트 사는데 너무나 돈이 적게 들어갔음에 그는 기뻐했다.

3. далеко́ не 결코 ~않다.

예) В мире мно́го жесто́кости, но далеко́ не все лю́ди жесто́ки.

예) Я люблю́ францу́зских писа́телей, но далеко́ не всех.

7 Соперничество вредит дружбе? Или укрепляет её?

Заме́чено, что е́сли друзья́ рабо́тают в одно́й сфе́ре, то ме́жду ни́ми возмо́жно сопе́рничество, конкуре́нция: ведь всегда́ кто́–то впереди́, кто́–то отстаёт. Это мо́жет разру́шить дру́жбу, помешать хоро́шим отноше́ниям. Така́я дру́жба часто конча́ется охлажде́нием, разры́вом, а иногда́ и настоя́щей враждо́й. Поэ́тому лу́чше, что́бы дру́г рабо́тал в друго́й сфе́ре.

Вы то́же так счита́ете? Или вы ду́маете по–друго́му, наприме́р, что сопе́рничество то́лько поле́зно? Вы согла́сны с вы́водами социо́логов, что да́же в са́мой тёплой дру́жбе и в са́мой тёплой компа́нии (осо́бенно мужско́й) неизбе́жна соревнова́тельность?

Ве́рно ли говоря́т, что хорошо́ узна́ть челове́ка мо́жно тогда́, когда́ он стал твои́м нача́льником или подчинённым по рабо́те?

7 경쟁이 우정을 해칩니까? 아니면 그것을 강화시킵니까?

만약에 친구들이 같은 영역에서 일한다면, 그들 사이에는 경쟁이 있을 수 있다는 것은 분명합니다. 왜냐하면 바로 항상 누군가는 앞에 있고, 누군가는 뒤쳐지게 되기 때문입니다. 그것은 우정을 파괴할 수도, 좋은 관계를 방해할 수도 있습니다. 그러한 우정은 종종 냉담, 분열로 끝나고, 그래서 때때로 실제적인 불화로도 끝이 납니다.

그 결과 친구가 다른 영역에서 일한다면 그것이 더 좋습니다.

당신도 또한 그렇게 여기십니까? 혹은 당신은 다르게 생각하십니까, 예를 들어 경쟁은 단지 유익하다고 여기십니까? 당신은 가장 따뜻한 우정과 (특별히 남자들의) 따뜻한 교제에서조차 경쟁은 피할 수 없다는 사회학자들의 결론에 동의하십니까?

사람을 잘 알아보는 것은 그가 너의 직장 상사이거나 부하 직원일 때에만 가능하다고들 하는 말이 맞습니까 아닙니까?

주요 구문과 표현

1. **сопе́рничество, конкуре́нция**는 한국어로 '경쟁'이라는 뜻으로 비슷하게 쓰인다. 이 때 **конкуре́нция**는 회사 차원에서뿐만이 아니라 일원들 사이에서 일어나는 경쟁으로 어쩔 수 없이 할 수 밖에 없는 경쟁으로 보통 '투쟁'의 의미에 가깝게 쓰인다.

예) Эконо́мики ми́ра сопе́рничают. 세계경제가 경쟁하고 있다.

Потенциа́льные покупа́тели сопе́рничают за зда́ние в це́нтре го́рода. 잠재적 구매자들이 도시번화가 건물을 사기 위해 경쟁한다.

Отец и мать сопе́рничают за любо́вь еди́нственного ребёнка. 아버지와 어머니가 하나뿐인 아이의 사랑을 독차지 하려고 경쟁한다.

Росси́я и Белару́сь сопе́рничают в разрабо́тках техноло́гий. 러시아와 벨라루시가 기술개발의 경쟁을 하고 있다.

예) В стра́нах с ры́ночной эконо́микой между предприя́тия́ми существу́ют конкуре́нтные отноше́ния. 시장경제를 가진 나라들에서 회사들 간에 경쟁관계가 존재한다.

Рекла́ма моби́льных проду́ктов Google и Microsoft конкури́рует в Twitter. 구글과 마이크로소프트사의 핸드폰 상품들의 선전이 트위터에서 경쟁되고 있다.

2. 현실 상황이 아닌 경우 즉 조건적이거나 가정적인 경우 **чтобы** +과거동사 구문을 사용한다. (이에 대한 자세한 내용은 부록 1 〈5〉를 참고하시오.)

예) Лу́чше, что́бы дру́г рабо́тал в друго́й сфе́ре. 친구가 다른 영역에서 일한다면 더 좋을 것입니다.

8 Друг–мой раб, слуга? Друг–мой господин, хозяин?

Кто–то и́скренне ду́мает, что его друг– это его раб, слуга́, у дру́га мо́жно всё брать (его́ эне́ргию, вре́мя, де́ньги) и ничего́ ему не дава́ть взаме́н. А кто–то полага́ет, что его друг– это его господи́н, хозя́ин, и всё даёт дру́гу, но взаме́н ничего́ не получа́ет. Тре́тьи и́щут золоту́ю середи́ну. Они внима́тельны к дру́гу, великоду́шны, но не ра́бски пре́даны ему. Они хотя́т дружи́ть на ра́вных.

Как вы смо́трите на таки́е ра́зные ти́пы дру́жбы? Мо́жет быть, долгове́чна то́лько така́я дру́жба, кото́рая постро́ена на ра́венстве и взаи́мности?

8 친구–나의 노예, 종? 친구–나의 주군, 주인?

어떤 이는 진심으로, 그의 친구가 자기의 노예, 종이라고 생각하며, 친구에게는 모든 것(그의 에너지, 시간, 돈)을 가져가며, 그 대신으로 어떤 것도 그에게 주지 않습니다. 한편 어떤 이는 자기의 친구 그는 자기의 주군, 주인이기에 친구에게 모든 것을 주지만, 대신에 아무 것도 얻지 않으려고 한다고 생각합니다. 세번째 사람들은 중용을 찾습니다. 그들은 친구에게 관심을 갖고, 관대하지만, 그에게 노예처럼 맡겨진 것은 아닙니다. 그들은 평등하게 사귀기를 원합니다.

당신은 그러한 다양한 우정의 유형에 대해 어떻게 보십니까? 어쩌면, 평등과 상호성을 근거로 세워진 우정만이 영원할지도 모르지요?

주요 구문과 표현

1. кто внима́телен к кому/к чему ~에게 관심을 갖는다, 신중하다, 주의깊다

예) Хотя́ оте́ц всегда́ за́нят, он внима́телен ко мне и мои́м пробле́мам.

2. на ра́вных 평등하게:
общáться, разгова́ривать, рабо́тать, дружи́ть, люби́ть на равных 평등하게 교제하다, 이야기하다, 일하다, 사귀다, 사랑하다

예) Совреме́нная же́нщина незави́сима и самостоя́тельна–она общáется с мужчи́ной на ра́вных: она ему не слуга́.

예) Преподава́тель и студе́нт не мо́гут разгова́ривать на ра́вных, у них ра́зное социа́льное положе́ние.

9 Если друг предал вас…

Все мы знае́м: друг ну́жен, что́бы мы могли́ дели́ться с ним свои́ми ма́ленькими секре́тами и больши́ми та́йнами. Но французская посло́вица предостерега́ет об опа́сности преда́тельства нас бли́зкими людьми́: «Предаю́т то́лько свои́». Действи́тельно, ко́гда кто–то зна́ет нас о́чень хорошо́, и́менно он мо́жет вы́дать на́ши та́йны, причини́ть нам са́мую о́струю душе́вную боль, уда́рить больне́е и безжа́лостнее врага́, он зна́ет на́ши уязви́мые места́.

Что вы ду́маете о возмо́жном преда́тельстве в дру́жбе, о разочарова́нии в дру́ге? Ве́рно ли говоря́т, что преда́тельство– это как уби́йство, ведь тот, кого́ пре́дали, ве́рил друго́му, как себе́?

9 만약에 친구가 당신을 배신했다면…

우리 모두는 다음과 같은 것을 압니다. 즉 우리가 자신의 작은 비밀과 큰 비밀을 친구와 나누어가질 수 있기 위해 친구가 필요하다는 것을. 그러나 프랑스 속담은 우리들이 가장 가까운 사람들에 의해 배신당할 위험성에 대해 미리 경고하고 있습니다. 즉 "단지 자신만이 배신한다." 실제로, 누군가 우리를 너무나 잘 알고 있을 때, 바로 그가 우리의 비밀을 누설하고 우리에게 가장 뼈아픈 정신적 고통을 입히고, 적보다 더 고통스럽고 더 무자비하게 당신을 때릴 수 있고, 그가 우리의 상처받기 쉬운 곳을 알고 있습니다.

당신은 우정에 있어 배신의 가능성에 대해, 친구에 대한 환멸에 대해 어떻게 생각하십니까? 배신 그것은 마치 살인과 같아서 배신당한 바로 그 사람이 다른 사람을 마치 자기처럼 믿는다고들 말하는 것이 맞습니까, 아닙니까?

주요 구문과 표현

1. делиться/поделиться чем с кем ~와 -을 나누어 가지다, 공유하다

예) Я не могу считать его своим другом–мы не делимся с ним ни удачами, ни неприятностями.

예) Я хочу поделиться с тобой своей тайной.

2. разочаровываться/разочароваться в ком/чём ~에게 환멸을 느끼다, 실망하다

예) Он разочаровался в новой методике преподавания, потому что не было результатов.

10 Дружба в счастье и в несчастье

Говоря́т, что сча́стье прино́сит друзе́й, а несча́стье их проверя́ет. Осо́бенно тяжёлое испыта́ние–е́сли друг о́чень бо́лен или умира́ет. Тут важно, чтобы друзья прису́тствовали–физи́чески и мора́льно, не оставля́ли своего друга наедине́ с самим собо́й и боле́знью.

Но иногда бывает и наоборо́т: сча́стье дру́га–для не́которых то́же серьёзное испыта́ние. Им тру́дно и́скренне ра́доваться за дру́га, не сра́внивая его жизнь со свое́й. Быва́ет, что челове́к, попа́в в беду́, теря́ет не́которых друзе́й, а когда́ к нему́ прихо́дят сла́ва и успе́х, теря́ет ещё бо́льше...

Как вы полага́ете, како́е испыта́ние для дру́жбы тяжеле́е: несча́стье дру́га или его сча́стье?

10 행복 속에 그리고 불행 속에 있는 우정

행복은 친구들을 가져다 주지만, 불행은 그들을 확인해 준다고들 합니다. 특히 어려운 경험이 있습니다. — 만약에 친구가 몹시 아프거나 죽어가고 있다면. 친구들이 병든 친구를 혼자 병들어 있게 남겨두는 것이 아니라, 물리적으로나 정신적으로 그 옆에 있다는 그것이 바로 중요합니다. 그러나 때때로 반대의 경우도 또한 발생합니다. 즉 몇몇 사람들을 위해서는 친구의 행복 또한 진지한 경험이 된다는 것입니다. 그들에게는 친구의 인생을 자신의 인생과 비교하지 않으면서, 친구를 위해 충심으로 기뻐해주는 것이 어렵습니다. 불행에 빠진 후에 친구들 몇 명을 잃어버리는 반면, 그에게 명예와 성공이 올 때 친구를 더욱 더 많이 잃는 사람들이 종종 있습니다.

당신은 어떻게 생각하십니까? 우정을 위해서 어떤 경험 즉 친구의 불행 혹은 그의 행복 중 어떤 경험이 더 견디기 힘듭니까?

주요 구문과 표현

1. Важно(главное), чтобы… не 과거동사~

~가 아니라(과거동사), …이 중요하다 (главно는 이때 쓰이지 않는 점에 주의해야 한다.)

예) Ва́жно (гла́вное), чтобы друг прису́тствовал, не оставля́л друга наедине́ с бедо́й.

예) Ну́жно (на́до), чтобы друзья́ бы́ли вме́сте и в го́ре, и в ра́дости.

예) Необходи́мо, чтобы ка́ждый чу́вствовал подде́ржку дру́га.

11 В чём смысл дружбы?

Дру́жба демократи́чна: дру́жбы досто́йны все, незави́симо ни от чего́. Дру́жба досту́пна всем. А в чём глуби́нный смысл дру́жбы? Что она даёт? Эне́ргию? Чу́вство духо́вного еди́нства? Нра́вственную подде́ржку? Сти́мул для разви́тия? Она́ помога́ет челове́ку лу́чше поня́ть себя́? Духо́вно и душе́вно обогаща́ет? Развива́ет: ведь за хороши́м дру́гом мы тя́немся?..

Вы согла́сны, что дру́жба (однопо́лая)–«шко́ла человекове́дения», и в э́том смы́сле она–психологи́ческая подгото́вка к бу́дущей любви́ (разнопо́лой) ?

11 우정의 의미는 무엇에 있습니까?

우정은 민주적입니다. 즉 모든 사람은 어떤 것에도 의존하지 않고 우정을 가질만한 가치가 있습니다. 우정은 모든 사람에게 접근하기 쉽습니다. 그렇다면 우정의 심오한 의미는 무엇에 있을까요? 우정은 무엇을 줍니까? 활력을 주나요? 정신적 일체감을? 정신적인 지지를? 발전을 위한 동기를? 우정은 사람이 자신을 더 잘 이해하는 데 도움을 줍니까? 영적으로 정신적으로 풍부하게 합니까? 우정이 발전하고 있습니까? 즉 정말이지 좋은 친구를 얻기 위해 우리가 노력하고 있을까요?…

동성간의 우정은 '인간학을 공부하는 학교다.' 그리고 이러한 의미에서 '우정은 미래의 이성 간의 사랑에 대한 심리적인 준비이다.' 라는 말에 당신은 동의하십니까?

주요 구문과 표현

1. духо́вный, душе́вный, мора́льный 의 차이

духо́вный, –ая, –ое, –ые 정신적인, 영적인, 종교적인

~ о́пыт, рост, возрожде́ние

душе́вный, –ая, –ое, –ые 정신의, 영혼의, 마음으로부터의, 진심어린, 친절한, 동정심 많은

~челове́к , бесе́да, приём, страда́ния

мора́льный, –ая, –ое, –ые 도덕적인, 윤리적인, 정신적인 (=/материа́льный)

~подде́ржка, сти́мул

2. кто досто́ин чего ~할 만한 가치가 있다, ~받을 만한 가치가 있다

예) Дру́жбы досто́йны все. 모든 사람들이 우정을 가질만한 가치가 있다.

예) Люба́я рабо́та важна́ и необходи́ма: каку́ю бы рабо́ту челове́к ни выполня́л, он досто́ин большо́го уваже́ния.

3. досто́йный 정당한, 당연한

досто́йный выход 당연한 출구

예) Если не спе́шить и поду́мать, мо́жно найти́ досто́йный вы́ход из любо́й ситуа́ции.

4. тяну́ться за кем, чем ~을 얻으려고 노력하다

예) За хоро́шим дру́гом мы тя́немся.

예) Он тя́нется за бога́тыми.

Разыгрываем диалоги

Разыграйте диалоги в соответствии с ситуациями.

다음의 상황들에 맞게 역할극을 하세요.

1. Разгово́р друзе́й: мо́жно ли посели́ться у дру́га без ве́ской причи́ны (е́сли вам есть где жить, е́сли у вас есть со́бственный дом).
2. А: Ге́ний стреми́тся к це́ли, ему ну́жно уедине́ние, он за́нят, у него́ нет вре́мени на дру́жбу. Б: Дру́жба нужна́ всем без исключе́ния.
3. Два прия́теля обсужда́ют, должны́ ли друзья́ ода́лживать друг дру́гу де́ньги и це́нные ве́щи? Или лу́чше взять креди́т в ба́нке?
4. А: Гла́вное для жи́зни–бескоры́стная дру́жба. Б: Гла́вное–не дру́жба, а вы́годные свя́зи, дру́жба с влия́тельными людьми́.
5. А: Быть законопослу́шным ску́чно! Игра́ с зако́ном– это рома́нтика! Б: Красть, убива́ть–бесчелове́чно. И кому «чужа́я жизнь–копе́йка», тот пото́м сам ста́нет же́ртвой свои́х кримина́льных «друзе́й».
6. Дво́е размышля́ют, почему́ в де́тстве у нас мно́го друзе́й, а пото́м их стано́вится ме́ньше? Жизнь разброса́ла? Но́вые забо́ты засоса́ли?
7. А: Гла́вное–люби́ть компа́нии, весе́лье. Б: Это суета́ и тлен, поте́ря вре́мени! На́до проводи́ть вре́мя с и́стинными друзья́ми.
8. Дру́жба–доброво́льный и бесконфли́ктный сою́з? Свет без те́ни?

Ого́нь без пе́пла? Сча́стье без сожале́ния? Или в ней, как во всём, есть теневы́е сто́рона, как и в любви́: ре́вность, оби́ды, душе́вные тра́вмы?

Пишем сочинение

1. Смысл дру́жбы.
2. Я и мой друг.
3. Как найти́ друзе́й? Как стать самому́ настоя́щим дру́гом?
4. Как сохрани́ть дру́жбу?
5. У бе́дных нет враго́в, у бога́тых нет друзе́й. (древнее изречение)

Дополнительный материал 보충 자료

Познакомьтесь с пословицами, скажите, какая вам нравится больше всего и почему.

속담을 알아보고, 어떤 것이 가장 마음에 드는지, 그 이유는 무엇인지 말해 보세요.

Русские пословицы 러시아어 속담

- Дру́жба дру́жбой, а табачо́к врозь. 친구는 친구, 담배는 따로따로: 즉 우리가 친구이기는 하지만, 우리에게 있는 물질적 이익은 각자의 것.
- Ста́рый друг лу́чше но́вых двух. 오래된 친구 한 명이 새 친구 둘보다 낫다.
- Дру́жба дру́жбой, а слу́жба слу́жбой. 우정은 우정이고, 일은 일이다: 즉 우정과 직무는 별개의 것으로 우정을 내세워 일을 안하려고 하면 안 된다.
- Друзья́ познаю́тся в беде́. 친구는 어려울 때 확실히 알 수 있다.
- Оди́н за всех, а все за одного́. 한 사람은 모두를 위하여, 모든 사람은 한 사람을 위하여. (좌우명)
- Сам погиба́й, а това́рища выруча́й. 혼자는 망하더라도, 그러나 친구는 구해라.

주제 7

신세기의 사랑, 혹은 서로를 위해 만들어진 것들

Тема 7

Любовь в новом веке, или Созданные друг для друга

1 Какая любовь самая сильная?

Есть любо́вь–матери́нская: же́ртвенная любо́вь ма́тери к де́тям. Есть романти́ческая–любо́вь мужчи́ны и же́нщины. Есть любо́вь дете́й к роди́телям. Есть любовь человека к соба́ке (ко́шке и т.д.) и отве́тная любо́вь живо́тных к хозя́ину.

Расскажи́те, кака́я ещё быва́ет любо́вь? К Родине? К науке? К себе? К покупкам? К «красивой жизни»?

Кака́я любо́вь са́мая си́льная? Матери́нская? Любо́вь соба́ки к хозя́ину?

1 어떤 사랑이 가장 강합니까?

어머니의 사랑이 있습니다. 즉 그것은 어머니의 아이들에 대한 자기 희생적 사랑입니다. 낭만적인 사랑 즉 남자와 여자의 사랑이 있습니다. 부모에 대한 아이들의 사랑이 있습니다. 개(고양이 등등)에 대한 인간의 사랑, 그리고 주인에 대한 동물들의 응답적인 사랑이 있습니다.

또한 어떤 사랑이 있는지 말씀해 주시겠어요? 조국에 대한? 학문에 대한? 자신에 대한? 구매에 대한? '아름다운 인생'에 대한?

어떤 사랑이 가장 강합니까? 어머니의 사랑? 주인에 대한 개의 사랑?

주요 구문과 표현

любо́вь к чему/кому ~에 대한 사랑

예) У него стра́стная любо́вь к науке. 학문에 대한 열정적인 사랑이 있다.

예) Любо́вь к ро́дине и к семье́ есть у ка́ждого. 각 사람에게는 고향에 대한 그리고 가족에 대한 사랑이 있다.

2 Понять любовь логически можно или нельзя?

Сравни́те ра́зные мне́ния о том, мо́жно ли поня́ть, что тако́е любо́вь.

Мне́ние пе́рвое. Размышля́ть о любви́ бесполе́зно, потому́ что это иррациона́льное чу́вство. Се́рдцу не прика́жешь, любо́вь сильне́е человека! Уда́ча в любви́ от досто́инств челове́ка не зави́сит.

Мне́ние второ́е. Глубо́кий челове́к до́лжен размышля́ть обо всём, что с ним происхо́дит. Кро́ме эмо́ций (жар любви́, ого́нь любви́, столбня́к любви́) у челове́ка есть интелле́кт, мысль. В любви́ мно́гое зави́сит от самого́ челове́ка, от его размышле́ний.

А у вас како́е мне́ние?

2 사랑을 논리적으로 이해하는 것이 가능합니까 아니면 불가능합니까?

사랑이 도대체 어떤 것인지를 이해할 수 있는지 아닌지에 대한 다양한 의견을 비교해 보세요.

첫 번째 의견, 사랑에 대해 심사 숙고하는 것은 유익하지 않다, 왜냐하면 그것은 비이성적 감정이기 때문에. 마음을 명령하지마라, 사랑은 사람보다 더 강하다! 사랑에서의 성공이 사람의 지위나 가치에 달려있지 않다.

두 번째 의견, 생각이 깊은 사람은 자신에게 일어나고 있는 모든 것에 대해 당연히 심사숙고해야만 한다. 감정들(사랑의 열정, 사랑의 불길, 사랑의 망연자실)외에도 인간에게는 지성과 생각이 있다. 사랑에 있어서 많은 것이 인간 자신에게, 그의 심사숙고한 생각에 달려있다.

그러면 당신에게는 어떤 의견이 있습니까?

주요 구문과 표현

Се́рдцу не прика́жешь –속담으로 굳어져 있는 표현으로 여기에서 2인칭은 일반성[7]을 나타낸다. '마음을 강요해서는 안된다.'라는 의미를 가진다.

7) 일반성에 대한 더 자세한 설명은 부록1 〈8〉을 참조하시오.

3 Все понимают любовь по–разному

Любо́вь– это и сча́стье, и пы́тка, и океа́н, и бе́здна и так да́лее... Но е́сли отбро́сить мета́форы, то како́й смысл несёт это сло́во?

Есть ра́зные отве́ты:

- Любо́вь– это духо́вность плюс чу́вственность (дух и те́ло в челове́ке неразделимы́), когда́ два челове́ка стано́вятся еди́ным це́лым: мо́гут чита́ть мы́сли и чу́вства друг дру́га.
- Любо́вь–духо́вный полёт, восхище́ние возлю́бленным как абсолю́тным идеа́лом, чу́дом, его недоста́тки не замеча́ются или принима́ются.
- Любо́вь– это не чу́вственность и не духо́вность. Это не́что непознава́емое, дар и́збранных. Не всё мо́жно объясни́ть!
- Любо́вь соединя́ет в себе́ серде́чность, сопережива́ние, забо́ту, милосе́рдие, же́ртвенность, не́жность и жа́лость. Это са́мое нра́вственное отноше́ние к живо́му существу́. Любо́вь–сплав стра́сти, дру́жбы и уваже́ния.

Како́е определе́ние любви́ да́ли бы вы?

3 모든 사람들은 사랑을 각기 다르게 이해합니다.

사랑-그것은 행복도, 고통도, 대양도, 심연이기도 기타 등등이기도 합니다. 그러나 만약에 비유를 하지 않는다면, 이러한 단어가 어떤 의미를 가져다 줄까요?

다음과 같은 다양한 대답이 있습니다.

- 두 사람이 완전히 하나가 될 때 (즉 그 때 그들은 서로서로의 생각과 느낌을 읽을 수 있다.) 사랑-그것은 정신적인 것 더하기 느낌이다. (인간에게 있어 마음과 몸은 분리할 수 없는 것이다.)
- 사랑은 정신적 도약, 마치 절대적 이상, 기적에 매혹되는 것과 같이 사랑하는 자에게 매혹되는 것, 그리고 그의 단점은 눈에 들어오지 않거나 다 받아들여지는 것이다.
- 사랑-그것은 감성이 아니고 정신적인 것도 아니다. 그것은 무엇인가 인식할 수 없는 것, 선택 받은 자들의 천부적 능력이다. 모든 것을 다 설명할 수 있는 것은 아니다!
- 사랑은 그 안에 충심, 공동의 체험, 염려, 자비, 자기 희생, 친절과 연민을 하나로 묶는다. 그것은 살아있는 존재에 대한 최상의 정신적인 태도이다. 사랑은 열정, 우정과 존경의 합금이다.

당신은 사랑에 대한 어떤 정의를 내리시렵니까?

주요 구문과 표현

восхища́ться, восхище́ние чем/кем ~에 매혹되다, ~에 대한 매혹

예) Все восхища́лись этой краса́вицей. 모두가 이 미인에게 매혹되었다.

4 Что важнее–любить или быть любимым?

О том, что важне́е–люби́ть самому́ или быть люби́мым, встреча́ются пря́мо противополо́жные сужде́ния. Одна́ пози́ция: «Взаи́мна любо́вь или невзаи́мна– это не о́чень ва́жно. Ва́жно люби́ть самому́. Безотве́тная любо́вь ра́нит, но это сла́дкая боль, и лу́чше го́рькое сча́стье, чем се́рая, уны́лая жизнь без вся́кой любви́» . Но для себялюби́вых, тех, кто бои́тся душе́вных травм, ва́жно друго́е–когда́ его лю́бят, а он позволя́ет себя́ люби́ть, ва́жно быть «хозя́ином положе́ния». Люби́ть самому́ опа́сно, это сла́бость: ведь, к сожале́нию, челове́к так устро́ен, что он почему́–то ма́ло це́нит тех, кто его люби́т или обожа́ет.

А как счита́ете вы? Мо́жет быть, для гармо́нии отноше́ний ва́жно и то и друго́е: и люби́ть, и быть люби́мым?

4 무엇이 더 중요합니까—사랑하는 것 아니면 사랑받는 것?

자신이 사랑하느냐 아니면 사랑을 받느냐 하는 것 그 무엇이 더 중요한가에 대해 직접적으로 반대되는 견해들을 만나게 됩니다. 한 가지 입장은 다음과 같습니다. "사랑이 상호적인가 아닌가 하는 것은 그다지 중요치 않다. 자신이 사랑한다는 것 그것이 중요하다. 응답 없는 사랑은 상처를 주지만, 그것은 달콤한 고통이며, 모든 사랑 없는 저급하고 시들한 인생보다는 쓰디 쓴 행복이 더 낫다."

그러나 이기주의자들을 위해서는, 정신적 상처를 두려워하는 자들을 위해서는 다른 것(즉 그가 사랑을 받을 때, 자신을 사랑하는 것을 허용하는 것)이 중요하고, 상황의 주인이 되는 것이 중요합니다. 자신이 사랑하는 것은 위험하며 그것은 약점이 됩니다. 왜냐하면 정말로, 유감스럽게도, 인간은 왠일인지 자신을 사랑하거나 존경하는 사람들을 별로 잘 인정하지 않도록 만들어져 있기 때문입니다.

그렇다면 당신은 어떻게 생각하십니까? 아마도, 관계의 조화를 위해서는 이것도 다른 것도 즉 사랑하는 것도 사랑받는 것도 다 중요한지도 모릅니다 그럴까요?

5 Как возникает любовь?

Как же прихо́дит любо́вь? За что оди́н челове́к влюбля́ется в друго́го?

Одни́ уве́рены, что ни за что! Любо́вь начина́ется внеза́пно–с пе́рвого взгля́да, это эмоциона́льная вспы́шка, со́лнечный уда́р.

Други́е счита́ют, что любо́вь прихо́дит постепе́нно, созрева́ет, как плод, когда́ лю́ди обща́ются, узнаю́т друг дру́га. При пе́рвом знако́мстве, наприме́р, осо́бенно важны́ вне́шность, обая́ние и доброжела́тельность, а при разви́тии отноше́ний–зна́ния, душевная глубина́, ум, ги́бкость, жите́йская му́дрость и т.д. Быва́ет, что любо́вь возни́кает, е́сли два челове́ка похо́жи по хара́ктеру, смо́трят на мир одина́ково. Или двои́м о́чень хорошо́ вме́сте. Или у одного́ (или обо́их) о́чень си́льная потре́бность люби́ть. Или лю́ди стремя́тся изба́виться от одино́чества.

Что вы обо всём э́том ду́маете? Каки́е приме́ры зна́ете?

5 사랑은 어떻게 생깁니까?

사랑은 도대체 어떻게 옵니까? 무엇 때문에 한 사람이 다른 사람에게 사랑에 빠집니까?

어떤 이들은 무엇을 목적으로 사랑에 빠지는 것은 아니라고 확신합니다! 사랑은 갑자기 시작됩니다. –처음 본 순간부터, 그것은 감정적 폭발이고 일사병입니다. 다른 이들은 사랑은 점진적으로 와서, 열매처럼 성숙되고, 사람들이 사귀게 될 때 서로서로를 알게 된다고 여깁니다. 예를 들어, 처음 알게 될 때, 특히 외모, 매력과 호감이 중요하나, 관계가 개선되게 되면 지식, 정신적 심오함, 똑똑함, 융통성, 생활의 지혜 등등이 중요해집니다.

만약에 두 사람이 성격이 비슷해서 세상을 똑같게 본다면 사랑이 생겨나는 일도 있습니다. 혹은 두 사람이 함께 있으면 너무 좋거나, 혹은 한 사람에게(혹 둘에게) 아주 강한 사랑의 욕구가 있거나 합니다. 혹은 사람들은 고독에서 벗어나기 위해 노력합니다.

당신은 이 모든 것에 대해 어떻게 생각하십니까? 어떤 실례들을 알고 계십니까?

주요 구문과 표현

1. влюбля́ться/влюби́ться в кого ~와 사랑에 빠지다

예) Молоды́е часто влюбля́ются в певцо́в.

2. доброжела́тельность/ доброта́ 두 단어는 사전에 각각 '호의, 호감, 친절', '선량, 인자, 친절' 등의 뜻으로 해석되어 비슷한 의미로 보인다. 하지만 다음의 문장의 쓰임과 같이 그 뜻에 차이가 있음에 주의해야한다.

예) Моя ба́бушка до́брая. (O)

Моя ба́бушка доброжела́тельная. (O)

Продавщи́ца до́брая. (X)

Продавщи́ца доброжела́тельная. (O)

어떤 사람이 до́брый челове́к 인지 아닌지는 정의하기가 힘들다. 왜냐하면 그것은 내적인 자질이기에 그것을 알아내기 위해서는 어떠한 함께한 경험과 같이할 수 있는 시간을 필요로 하기 때문이다. 한편 доброжела́тельный челове́к 이란 행동거지에서 누구나 알 수 있는 성격의 것-예를 들어 남을 잘 도와준다든가 남의 말을 경청한다는 등의 것이기에 한 번 보고도 말할 수 있다.

6 Где лучше знакомиться?

Тру́дно найти́ челове́ка, кото́рый тебе подхо́дит... Но в совреме́нной жи́зни знако́мство–не пробле́ма! Кто–то пошути́л, что с хоро́шим челове́ком мо́жно познако́миться в це́ркви, в университе́те или в клу́бе по интере́сам. С бога́тым–в аэропорту́, в хоро́шем рестора́не, на деба́тах полити́ческих па́ртий, в магази́не запасны́х часте́й к дороги́м автомоби́лям, в ювели́рном магази́не. С интеллиге́нтным–в кни́жном магази́не, с хозя́йственным–в магази́не «Сде́лай сам». А знако́мства в ночно́м клу́бе с его поро́й криминоге́нной обстано́вкой или знако́мства в интерне́те непредсказу́емы по результа́ту.

Вы то́же так счита́ете?

6 어디에서 사람을 더 잘 사귈 수 있습니까?

당신에게 맞는 사람을 찾는 것은 어렵습니다.… 그러나 현대의 삶에서 사람을 알게 되는 것은 문제가 없습니다! 교회에서, 대학에서 혹은, 취미동아리에서 좋은 사람과 알고 지낼 수는 있다고 누군가 농담을 했습니다. 공항에서, 좋은 레스토랑에서, 정당 토의 모임에서, 비싼 자동차 부품가게에서, 보석상점에서 부자와 알고 지낼 수 있습니다. 지식인들과는 책방에서, 집주인과는 '셀프 상점'에서 사귈 수 있습니다. 그러나 때때로 범죄가 일어나기 쉬운 상황을 안고 있는 나이트 클럽에서 혹은 인터넷에서의 만남은, 결과에 따라서 미리 예견하여 말할 수 없습니다. 당신 또한 그렇게 생각하십니까?

7 Что донжуан и однолюб думают друг о друге?

Любо́вь– это зе́ркало челове́ка. Како́й челове́к–такова́ и любо́вь. Например, вот как могут понима́ть любо́вь донжуа́н и однолю́б, что они ду́мают друг о дру́ге.

Донжуан: Мне жаль однолю́бов: в до́лгих рома́нах отноше́ния теря́ют све́жесть– это плен… Ведь любо́вь– это страсть, флирт, игра́, разря́дка для те́ла и души́, пали́тра ра́зных чувств... Любо́вь одна́, меня́ются то́лько же́нщины: в ка́ждой же́нщине есть то, чего нет в друго́й! Я добива́юсь их и пото́м теря́ю интере́с, броса́ю. Но люблю́ ка́ждую же́нщину и́скренне, и они с благода́рностью вспомина́ют обо мне. Любо́вь всегда́ права́, она́ важне́е дру́жбы, поря́дочности, доброты́, до́лга, со́вести, че́сти и досто́инства! Без страсте́й жизнь пуста́, пресна́. Гла́вное– новизна́, но́вый о́пыт и свобо́да. Се́рдце переме́нчиво, но ведь всё в мире непостоя́нно, всё дви́жется! Это еди́нственный универса́льный зако́н бытия́!

Однолюб: Мне жаль донжуа́нов, э́тих эгои́стов. Нельзя их возвыша́ть и и́ми восхища́ться! Их ли́чная жизнь– это проходно́й двор. Они́ то́лько разбива́ют же́нщинам се́рдце. Наигра́вшись, их выбра́сывают из свое́й жизни, как ве́тошь. Любо́вь к одной–вот счастье, вот жизнь. Любо́вь– это не игра́, а жи́знь и судьба́. Любо́вь не должна́ причиня́ть никому́ боль.

Что вы ду́маете об однолю́бе и о донжуа́не? Может быть, это две кра́йности в любви́? А среди́ же́нщин ча́сто встреча́ются эти два типа хара́ктеров? Что важне́е, по-ва́шему, новизна́ или влюблённость в одного́ (одну́)? Или у челове́ка ра́звиты о́бе эти потре́бности–и потре́бность в стаби́льности, и потре́бность в но́вом о́пыте?

7 돈주앙과 평생 한 사람만을 사랑하는 자는 서로서로에 대해 어떻게 생각할까요?

사랑-그것은 인간의 거울입니다. 인간이 그러하면 사랑도 그것과 같습니다. 예를 들어, 바로 돈주앙과 평생 한 사람만을 사랑한 자는 어떻게 사랑을 이해할 수 있는가 그리고 그들은 서로서로에 대해 어떻게 생각하고 있는가 하는 것입니다.

돈주앙: 한 여인만을 사랑하는 자를 나는 유감스럽게 생각한다. 왜냐하면 오래된 낭만 속에서 둘 사이의 관계는 신선함을 잃어버리게 되는데 그것이 예속상태이기 때문이다… 정말이지 사랑 그것은 욕망, 노닥거림, 장난, 몸과 마음의 방전 그리고 다양한 감정들의 표현 수단이다. 사랑은 하나이고, 바뀌는 것은 단지 여자들만이다. 왜냐하면 각각의 여자에게는 다른 사람에게는 없는 어떤 것이 있기 때문이다. 나는 그들을 얻으려고 노력하고 그리고 나서는 흥미를 잃어버리고, 버린다. 그러나 각각의 여자를 진심으로 사랑하고 그리고 그들은 감사함으로 나에 대해 회상한다. 사랑은 항상 옳고, 그것은 우정, 성실한 것, 친절, 의무, 양심, 정직, 가치보다 더 중요하다. 열정 없이는 인생은 공허하고, 무미건조하다. 중요한 것은 새로운 것, 새로운 경험과 자유이다. 마음은 변하기 쉽다, 그러나 정말이지 세상에 있는 모든 것은 영원하지 않고 모든 것은 움직인다! 이것이 유일한 존재의 보편적인 법칙이다!

평생 한 사람만 사랑하는 자: 나는 돈쥬앙들, 그러한 이기주의자들이 유감스럽다. 그들을 결코 고양시키거나 그들에게 매혹될 수 없다! 그들의 개인적 삶-그것은 통과할 수 있는 마당이다. 그들은 단지 여자들에게 마음의 상처를 준다. 그들은 마음껏 놀고 난 후, 마치 고물처럼 자신의 인생에서 여자들을 버려 버린다. 한 여자에 대한 사랑-바로 그것이 행복이고, 바로 그것이 삶이다. 사랑-그것은 유희가 아니라, 삶이고 운명이다. 사랑은 어느 누구에게도 고통을 주어서는 안 된다.

당신은 평생 한 사람만을 사랑한 자와 돈주앙에 대해 어떻게 생각하십니까? 아마도 이것이 사랑에 있어 두 개의 양극단일까요? 아니면 여자들 중에 종종 이러한 두 성격의 유형들을 종종 만나십니까? 당신의 의견으로는 무엇이 더 중요합니까? 새로움 혹은 한 사람과만 사랑에 빠지는 것? 혹은 사람에게는 이러한 두 가지의 필요성 즉 안정에 대한 필요와 새로운 경험에의 필요성이 점점 더 많아집니까?

주요 구문과 표현

1. **потре́бность в чём** ~에 대한 필요성

예) У всех есть потре́бность в стаби́льности. 모든 이에게는 안정에 대한 필요성이 있다.

2. 다음의 구절은 돈주앙과 같은 자들의 사생활을 누구나 통과할 수 있는 마당으로 비유하고 있다. 이는 마당은 은밀한 공간과는 달리, 어느 누구이건 들어갈 수 있기에 이 여자, 저 여자가 그들의 삶에 쉽게 접근한다는 의미로 쓰여졌다.

예) Их ли́чная жизнь– это проходно́й двор.

3. **причиня́ть/причини́ть кому боль** ~에게 고통을 주다, 야기하다, ~의 원인이 되다

예) Не говори́ так: твои́ слова́ причиня́ют мне боль.

8 Сохранить любовь–реально ли это?

Мно́гие счита́ют, что любо́вь мимолётна, это коро́ткое эмоциона́льное приключе́ние! Она прихо́дит и ухо́дит без причи́ны. Это не зави́сит ни от кого́, ни от чего́! И не то́лько любо́вь, но и всё на све́те постоя́нно развива́ется, в жи́зни не быва́ет ничего́ засты́вшего.

А другие уверены, что сохрани́ть любо́вь мо́жно. На́до стро́ить гармони́чные отноше́ния, а и́менно:

- не отнима́ть друг у дру́га свобо́ду;
- забо́титься о благополу́чии, сча́стье и разви́тии друг дру́га;
- брать отве́тственность друг за дру́га, т.е. быть вместе и в горе, и в радости;
- стреми́ться узна́ть потре́бности и возмо́жности избра́нника (–цы);
- воспи́тывать себя́, повыша́ть свою́ культу́ру обще́ния;
- научи́ться осознава́ть, принима́ть и выража́ть свои́ эмо́ции и разделя́ть их с други́м.

Как вам ка́жется, каки́е секре́ты сохране́ния любви́ са́мые ва́жные? У вас есть со́бственные реце́пты, как сохрани́ть чу́вство, как защити́ть любо́вь?

8 사랑을 보전하는 것–그것이 현실적인가요 아닌가요?

많은 이들이 사랑은 찰나적인 것이고, 그것은 짧은 감정적 사건!이라고 여깁니다. 사랑은 이유 없이 오고는 가버립니다. 그것은 누구에게도 무엇에게도 좌우되지 않습니다! 또한 사랑뿐만이 아니라 세상에 있는 모든 것이 계속 발전되고 있어, 인생에서 움직이지 않고 굳어져 버리는 것은 아무 것도 없습니다. 한편 다른 이들은 사랑을 보전하는 것이 가능하다고 확신합니다. 그래서 다음과 같은 조화로운 관계를 세우는 것이 필요합니다.

- 서로에게서 자유를 뺏지 않는 것
- 서로서로의 무사안녕, 행복과 발전에 대해 걱정해 주는 것
- 서로서로에 대한 책임을 지는 것, 즉 고통에도 기쁨에도 함께 하는 것
- 선택된 자의 필요와 가능성을 알려고 노력하는 것
- 자신을 양육하고 자신의 교제의 완성을 고양시키는 것
- 자신의 감정을 자각하고, 수용하고, 표현하는 것을 배워 익히고 그것들을 다른 사람들과 나누어 가지는 것

당신은 사랑을 보전하는 어떤 비법이 가장 중요하다고 여기십니까? 당신은 어떻게 하면 감정을 보전하고 사랑을 지킬 수 있는지에 대한 자기자신의 고유한 처방을 가지고 계십니까?

주요 구문과 표현

1. не то́лько…, но и~ …뿐만이 아니라, ~도

예) Не то́лько любо́вь, но и всё на све́те постоя́нно развива́ется.

2. отве́тственность за что ~에 대한 책임

예) Ка́ждый до́лжен нести́ отве́тственность за свои́ слова́ и посту́пки.

9 Если влюблённые разошлись…

Никто́ не гаранти́рован в жи́зни от разры́ва. На то, как на́до относи́ться к э́тому, есть ра́зные взгля́ды.

1. Если вы расста́лись с челове́ком, ну́жно прокля́сть и забы́ть его́, ведь разры́в–незажива́ющая душе́вная ра́на, оби́да.
2. Да́же е́сли любо́вь зако́нчилась разры́вом, ста́ла бо́лью, на́до бере́чь па́мять о ней, дорожи́ть ею. Тра́вмы в любви́ неизбе́жны. Но любо́вь– это и есть награ́да. А что́бы смягчи́ть душе́вные страда́ния, надо убежда́ть себя: «Я не хочу́ испы́тывать ни любви́, ни не́нависти к э́тому челове́ку».

Что вы ду́маете, как надо относи́ться к разры́ву?

주요 구문과 표현

1. **гаранти́ровать от чего** ~에서 안전하게 하다, 예방하다

예) Приви́вка гаранти́рует от зараже́ния о́спой. 접종은 천연두의 감염을 예방한다.

9 만약에 사랑하는 사람들이 헤어진다면…

어느 누구도 인생에서 불화로부터 안전하게 보장받을 수는 없습니다. 이것에 어떻게 대처해야 하는지에 관해 다양한 관점들이 있습니다.

1. 만약에 당신이 한 사람과 이별을 한다면, 저주해 버리고 그를 잊어야만 한다. 정말이지 파경은 아물지 않는 정신적 상처이자, 모욕이다.
2. 심지어 만약 사랑이 파경으로 끝나 고통이 되었다면, 그것에 대한 기억을 간직하고, 그것을 귀중히 여길 필요가 있다. 사랑에 있는 상처는 피할 수 없다. 그러나 사랑, 그것은 포상이 또한 있다. 그리고 정신적 고통을 완화시키기 위해서 자신을 설득시킬 필요가 있다. 즉 '나는 이 사람에 대한 사랑도, 증오도 경험하고 싶지 않다.'고.

어떻게 파경에 대처할 필요가 있다고 당신은 생각합니까?

2. **дорожи́ть чем** ~을 귀중히 여기다

예) **На́до дорожи́ть свои́м и чужи́м вре́менем.** 자신과 남의 시간을 귀중히 여길 필요가 있다.

3. **убежда́ть–убеди́ть кого в чём** ~에게 –를 설득하다, 납득시키다

예) **Я не могла́ убедить его в том, что на́до иметь настоя́щих друзе́й, а не прия́телей.** 나는 그냥 아는 친구가 아니라, 진정한 친구가 있어야 한다는 필요성을 그에게 납득시킬 수 없었다.

10 Кто от кого больше зависит: мужчина от женщины или женщина от мужчины?

Мужчи́на и же́нщина, коне́чно, со́зданы не ка́ждый для себя́, они со́зданы друг для дру́га. Они́ две полови́ны одного́ це́лого, они зави́сят друг от дру́га, по́этому их отноше́ния должны́ быть гармони́чными, гума́нными. Но, как утвержда́ют не́которые фило́софы, в совреме́нном ми́ре отноше́ния мужчи́ны и же́нщины ста́ли отчуждёнными, бессерде́чными–сле́дствие о́бщей дегуманиза́ции о́бщества. Их взаи́мная связь осла́блена: сейча́с о́ба по́ла социа́льно и экономи́чески друг от дру́га почти́ не зави́сят и начина́ют конкури́ровать друг с дру́гом на одно́м социа́льном по́ле.

Одна́ко оба по́ла нужда́ются в лю́бви и бли́зости, по́этому и в на́ши люди и́щут соедине́ния, и их взаи́мная зави́симость сохраня́ется. Но кака́я это зави́симость? Сравни́те ра́зные взгля́ды:

1) Мужчи́на и же́нщина одина́ково зави́сят друг от дру́га физиологи́чески и психологи́чески, это взаимозави́симость, но́вые усло́вия жи́зни ничего́ не меня́ют. Челове́к–существо́ па́рное.
2) Же́нщина зави́сит от мужчи́ны бо́льше, чем мужчи́на зави́сит от неё: она́ гора́здо эмоциона́льнее, ей нужна́ постоя́нная больша́я эмоциона́льная подде́ржка. Кро́ме того, социа́льное нера́венство поло́в было, есть и бу́дет.

3) Хотя́ счита́ется, что мужчи́на силён, акти́вен, ре́зок, а же́нщина слаба́, пасси́вна и мягка́, мужчи́на бо́льше зави́сит от же́нщины, чем она́ от него́: он рани́м, уязви́м и чувстви́телен... Среди́ опусти́вшихся людե́й (осо́бенно вне семьи́), по да́нным социо́логов, бо́льше мужчи́н, чем же́нщин. Уда́ры судьбы́ мужчи́ну лома́ют, а же́нщину закаля́ют.[8] Неда́ром на Востоке говоря́т, что же́нщина сла́бая, а мать си́льная.

4) Душа́ и хара́ктер не свя́заны с по́лом: есть лю́ди по хара́ктеру незави́симые, ли́деры и зави́симые, не ли́деры. Поведе́ние определя́ется не по́лом: «во́лки» и «о́вцы» мо́гут быть и среди́ мужчи́н, и среди́ же́нщин.

Подели́тесь ва́шими размышле́ниями о том, кто до́лжен домини́ровать в па́ре, кто кем до́лжен руководи́ть? Или на́до стро́ить партнёрские, взаи́мные, справедли́вые отноше́ния?

8) 무생물 주어에 대한 자연스러운 해석에 관해서는 부록1〈9〉를 참조하시오.

10 누가 누구에게 더 의존적인가: 남자가 여자에게 혹은 여자가 남자에게?

남자와 여자는 물론, 각자 자신을 위해 창조되지 않았고, 그들은 서로서로를 위해 창조되었습니다. 그들은 전체 하나의 두 개의 반쪽들이며, 그들은 서로서로에게 의존합니다, 그 결과 그들의 관계는 당연히 조화롭고 인도주의적이 되어야만 합니다. 그러나, 몇몇 철학자들이 주장하는 대로, 현대사회에서 남자와 여자의 관계는 소외되고, 무정하게 되었습니다. –그것은 사회의 전반적인 비인간화의 결과입니다. 그들의 상호관계는 약화되어 있습니다. 다시 말하여 지금 두 성은 사회적으로 그리고 경제적으로 서로가 서로에게 거의 의존적이지 못하고 서로가 서로와 하나의 사회적 활동무대에서 경쟁을 시작하고 있습니다.

그러나 두 성은 사랑과 친밀함을 필요로 하고 있습니다, 그 결과 우리들의 사람들로 연합이 추구되어지고 그들의 상호 의존성이 보존되고 있습니다. 그러나 그것은 어떠한 의존성인 것입니까? 다양한 관점을 비교하세요.

1) 남자와 여자는 동일하게 서로서로 생리적으로 심리적으로 의존하고 있고, 그것은 상호의존성이며, 새로운 생활여건이 그 어떤 것도 바꾸지 못하고 있다. 인간은 짝을 이루는 존재이다.

2) 남자가 여자에게 의존하는 것보다, 여자가 더욱 더 남자에게 의존한다. 즉 여자는 더 감정적이고, 그녀에게는 계속적인 더 큰 감정적인 지지자가 필요하다는 것이다. 그 외에도, 사회적 성의 불평등이 과거에도 있었고, 현재도 있고, 미래에도 있을 것이다

3) 남자는 강하고, 활동적이고, 날카로운 반면, 여자는 약하고, 수동적이고 부드럽다고 여겨지기는 하지만, 여자가 남자에게 의존하는 것보다, 남자가 여자에게 더 많이 의존한다. 왜냐하면 남자는 상처받기 쉽고, 상심 하기 쉽고 그리고 민감하기 때문이다. 이 사회학자들의 말에 따르면, (특히 가족

없이)타락한 사람들중에는 여자들보다 남자들이 더 많다고 한다. 비운으로 인해 남자는 무너지지만, 여자는 단련된다. 이유가 있어 동방에서는 여자는 약하나 어머니는 강하다라고들 한다.

4) 마음과 성격은 성과 관계가 없다. 왜냐하면 성격상 독립적인 지도자들과, 의존적인 지도자가 아닌 사람들이 있기 때문이다. 품행이 성에 의해서 정해지지는 않는다. 그것은 ≪늑대들≫과 ≪양들≫은 남자들 중에서도, 여자들 중에서도 있을 수가 있기 때문이다.

'성에 있어 누가 지배적이어야만 하고, 누가 누구를 지휘해야만 하는가? 혹은 파트너로서의, 상호적인, 정당한 관계를 설정할 필요가 있는가?'에 대한 당신의 깊은 생각을 함께 나누어 보십시오.

주요 구문과 표현

1. **пол** ① 성, ② 마루

2. **нужда́ться в чём** ~이 필요하다

예) Оба по́ла нужда́ются в лю́бви и бли́зости. 두 성은 사랑과 친밀함을 필요로 하고 있다.

Разыгрываем диалоги

Разыграйте диалоги в соответствии с ситуациями.

다음의 상황들에 맞게 역할극을 하세요.

1. Диску́ссия рома́нтиков и прагма́тиков: нужны́ ли безу́мные романти́ческие пода́рки (миллио́н а́лых роз, как поётся в ру́сской пе́сне,–не́что восхити́тельное, не́жное, потряса́ющее и в како́й–то сте́пени бесполе́зное!) или лу́чше купи́ть возлю́бленной холоди́льник после́дней ма́рки (утилита́рно и практи́чно)?
2. Сын влюби́лся, но не знает, как уха́живать за де́вочкой. Папа говори́т, что на́до учи́ться э́тому на хоро́ших фи́льмах и кни́гах.
3. Конча́ются де́ньги–конча́ется любо́вь?
4. Де́вушка мечта́ет о при́нце, но у неё всегда́ стро́гое выраже́ние лица́. Подру́ги предупрежда́ют: тако́е выраже́ние лица́ не привлечёт при́нца.
5. А: Рома́н в пи́сьмах невозмо́жен! Б: Есть мно́го реа́льных исто́рий, когда́ влюблённые то́лько перепи́сывались и никогда́ не встреча́лись. Э́то бо́льше, чем любо́вь!
6. А: Мне нужен только идеа́л! Б: В ито́ге ты оста́нешься оди́н: несоверше́нство зало́жено в ге́нах челове́ка.
7. А: Хочу́ стать «ночно́й ба́бочкой»: меня́ заме́тит принц, как в фи́льмах! Б: Сутенёры, зараба́тывающие на де́вушках миллио́ны, жесто́ки, сде́лают тебя́ наркома́нкой, запру́т. Клие́нты бу́дут истяза́ть. «Ба́бочки» в реа́льной жи́зни при́нцам не нужны́.
8. Сослужи́вец уха́живает за краси́вой сотру́дницей. Та счита́ет это

ле́стными, но отвеча́ет твёрдо: «Оста́немся друзья́ми».

9. А: Любо́вь–одна́ на всю жизнь! Б: Однолю́бов очень ма́ло, а взаи́мная любо́вь двух однолю́бовь–ре́дчайшее явле́ние.
10. Разгово́р ма́тери с до́черью. Почему́ до́чке не везёт в любви́? Така́я судьба́? Или она сама́ винова́та в своём невезе́нии, потому́ что выбира́ет оди́н и тот же тип мужчи́н (ненадёжных)?
11. Кто за кого́ до́лжен плати́ть: па́рень за де́вушку (он добы́тчик!), де́вушка за па́рня (мужчи́на–всегда́ дефици́т!), ка́ждый за себя́?
12. Дочь собрала́сь за́муж за челове́ка со стра́нными взгля́дами на жизнь. Роди́тели предупрежда́ют: любо́вь пройдёт, а несхо́дство взгля́дов– это навсегда́.
13. Руково́дство фи́рмы реша́ет, на́до ли дава́ть сотру́дникам опла́чиваемые отгу́лы в связи́ с ... несча́стной любо́вью.
14. Как мири́ться после ссо́ры? Тот, кто де́лает пе́рвый шаг– это пораже́нец и навя́зывается? Или победи́тель: уме́ет преврати́ть плохи́е отноше́ния в хоро́шие?
15. А: Мужчи́на и же́нщина биологи́чески ра́зные, и поэ́тому мужчи́ны до́лжны руководи́ть. Б: Ме́жду мужчи́ной и же́нщиной нет ра́зницы, и же́нщины то́же мо́гут руководи́ть. В: Гла́вное–хара́ктер и спосо́бности , а они не зави́сят от по́ла.

Пишем сочинение

1. Любо́вь в жи́зни и иску́сстве.
2. Для па́ры гла́вное–не любо́вь, а спосо́бность к компроми́ссам.
3. Моя пе́рвая любо́вь.
4. Но́вые отноше́ния совреме́нных мужчи́ны и же́нщины.

Дополнительный материал 보충 자료

Познакомьтесь с пословицами, скажите, какая вам нравится больше всего и почему.

속담을 알아보고, 어떤 것이 가장 마음에 드는지, 그 이유는 무엇인지 말해 보세요.

Русские пословицы 러시아어 속담

- С ми́лым рай в шалаше́. 좋은 사람과는 천막도 천국.
- Где лад, там и клад. 화목한 곳, 거기가 보물 또한 있는 곳.
- Полю́бится сатана́ пу́ще я́сного сокола́. 사탄을 좋아하는 사람이 빛나는 매를 좋아하는 사람보다 더욱 많다. (여자가 좋아하는 자는 멋지고 착한 훌륭한 사람보다 나쁜 사람일 경우가 더 많다는 뜻으로 러시아 민요에서 я́сный со́кол은 멋지고 아름답고 훌륭한 청년을 비유해서 쓰인다.)
- Любо́вь зла, полю́бишь и козла́ 사랑은 사나워서, 숫염소도 사랑할 수 있다. (러시아어에서 숫염소는 둔하며 별볼일 없는 대상의 비유로 자주 쓰인다. зла는 злая의 단축형으로 일시적으로 사납고 맹렬하며, 불행을 초래하기 쉬운 뜻으로 쓰인다.)
- Не по хоро́шу мил, а по́ милу хоро́ш. 좋아서 사랑하는 것이 아니고, 사랑해서 좋다고 한다.
- Любовь не карто́шка, не вы́кинешь в око́шко. 사랑은 감자가 아니라, 창으로 내던져서는 안된다. (감자는 주위에서 쉽게 볼 수 있는, 손에 쉽게 닿는 물건으로 마구 창으로 던져버릴 수 있는 흔한 물건의 비유로 쓰인다.)

주제 8

대단한 직업, 혹은 사람들에 의해 선택되는 일

Тема 8

Профессия с большой буквы, или Дело выбирает людей

1 Профессионалы–всезнайки и профессионалы–отшельники

Если вам ска́жут таку́ю фра́зу: «Она рабо́тает в прокурату́ре и *ду́мает*, что зна́ет о жи́зни всё», вам пока́жется это шу́ткой или пра́вдой? О челове́ке како́й профе́ссии мо́жно сказа́ть так же («*ду́мает*, что зна́ет о жи́зни всё»): о банки́ре, педаго́ге?..

А о како́й специа́льности, како́м ме́сте рабо́ты говоря́т: «Рабо́тает в… (наприме́р, в больни́це) и зна́ет о жи́зни всё»? И, наоборо́т, о ком вы могли́ бы сказа́ть так: «Он рабо́тает в … (наприме́р, в архи́ве) и не зна́ет о реа́льной жи́зни ничего́»?

Где рабо́тает челове́к, если о нём говоря́т: «У него́ бы́ло два гла́вных сло́ва: рабо́та и лаборато́рия»? А что можно сказа́ть о вас? Каки́е у вас 2 или 3 гла́вных сло́ва?

1 전문가들–만물박사들 그리고 전문가들–은둔자들

만약에 "그녀는 법원에서 일하고 있고, 자신이 삶에 대해 모든 것을 알고 있다고 생각한다."라는 구절을 당신이 듣는다면, 그것은 당신에게 농담이라고 여겨 집니까 혹은 진실이라고 여겨집니까?

어떤 직업을 가진 사람에 대해 다음과 같이 "삶에 대해 모든 것을 알고 있다고 생각합니다."라고 말할 수 있습니까? 즉 은행가, 교육자 등에 대해?

그리고 어떤 전공에 대해 어떤 직장에 대해 다음과 같이 말들을 합니까? 즉 "~에서 일한다(예로, 병원에서). 그래서 삶에 대해 모든 것을 알고있다."라고. 또한 반대로, 당신은 누구에 대해 다음과 같이 말할 수 있습니까? "그는 ~에서(예로 문서국에서) 일하고 있어서 실제 생활에 대해서는 아무 것도 모른다."라고.

만약 그에 대해 "그에게는 두 개의 중요한 단어가 있는데, 그것은 즉 일과 실험실이었다."라고들 말한다면, 그 사람은 어디에서 일하는 것입니까? 그리고 당신에 대해서는 어떻게 말할 수 있습니까? 당신에게는 둘 혹은 세 개의 어떤 중요한 단어들이 있을까요?

2 Трудоголики, ленивые, гармоничные…

Есть трудого́лики–лю́ди, рабо́тающие сли́шком мно́го: труд для них–как нарко́тик. Рабо́тают, что́бы рабо́тать, не мо́гут останови́ться, рабо́тают до переутомле́ния. Это как боле́знь, кото́рая мо́жет перейти́ в депре́ссию.

А есть лени́вые люди, кото́рым лень рабо́тать да́же за больши́е де́ньги. Они ду́мают, что лень–друг челове́ка, она защища́ет от перегру́зок! Они счита́ют, что че́стным трудо́м не разбогате́ешь. Быва́ет, что от безде́лья таки́е лю́ди спива́ются или впада́ют в меланхо́лию. Их осужда́ют: лени́вый–сам себе враг: у него́ всегда́ две рабо́ты, ведь плоху́ю рабо́ту на́до переде́лывать!

И есть гармони́чные люди. Труд для них–вну́тренняя потре́бность, они отдаю́т ей все си́лы и зна́ния. Они дума́ют, что безде́лье и лень развраща́ют: челове́к тупе́ет, перестаёт сопротивля́ться обстоя́тельствам, его те́ло слабе́ет.

Каки́е геро́и книг или фи́льмов похо́жи на этих персона́жей?

2 일 중독자들, 게으름뱅이들, 일과 생활을 조화롭게 하는 자들…

일 중독자들이 있습니다. 그들은 너무나도 많이 일하고 있는 사람들입니다. 다시 말하여 그들에게 있어 일은 마치 최면제와도 같습니다. 그들은 일하기 위해 일하고, 멈출 수가 없습니다, 그래서 과로할 때까지 일합니다. 이것은 우울증으로 옮아갈 수 있는 병과도 같습니다.

한편 더 많은 돈을 버는 일조차 하기를 게을리하는 게으름뱅이들도 있습니다. 그들은 나태, 그것은 인간의 친구이고 그것은 과부하를 막아준다고 생각합니다. 그들은 정직한 일로는 부자가 될 수 없다고 여기고 있습니다. 그러한 사람들은 무료한 나머지 술로 세월을 보내거나 우울증에 빠져버리는 경우가 종종 있습니다. 그들은 다음과 같이 비난받습니다. 즉 게으름뱅이는 자기 자신에게 적이라고. 왜냐하면 잘못한 일을 다시 할 필요가 있기에 그에게는 항상 두 개의 일이 있게 되기 때문입니다.

또한 조화를 잘 이루는 사람들이 있습니다. 그들에게 일은 내적인 요구이고, 그들은 모든 힘과 지식을 그 일에 되돌립니다. 그들은 일하지 않는 것과 나태가 그들을 망친다고 생각합니다. 즉 사람은 눈해지고, 수위 환경에 저항하는 것을 멈추게 되고, 그의 몸은 약해진다고 생각합니다.

책이나 영화 속의 어떤 주인공들이 이러한 인물과 비슷합니까?

주요 구문과 표현

1. кому лень + инф. (работать, учиться...) ~는 -하는 것(일하는 것, 공부하는 것....)을 게을리한다.

예) Есть люди, кото́рым лень рабо́тать да́же за больши́е де́ньги. 더 많은 돈을 버는 일조차 하기를 게을리하는 사람들이 있다.

2. защища́ть/защити́ть кого от чего ~로부터 보호하다, ~을 막다

예) Это защища́ет от перегру́зок. 그것은 과부하를 막는다.

3 Рецепт от лени существует или нет?

Лень сильна́ и кова́рна: если ее не поборо́ть, она съест хозя́ина со все́ми его тала́нтами. Как с ней боро́ться, как вы ду́маете? Каки́е из сле́дуюших сове́тов вам ка́жутся поле́зными?

1. Если лень выполня́ть определённую рабо́ту, на́до или отказа́ться от неё, или сде́лать её прия́тной: убеди́ть себя́ в э́том.
2. Если вообще́ лень что–то де́лать, тогда́ на́до снача́ла поня́ть цель свое́й жи́зни и посмотре́ть, ведёт ли лень к э́той це́ли.
3. Поле́зно соревнова́ться с ке́м–нибудь в рабо́те.
4. На́до жить по расписа́нию–и в пра́здники, и в бу́дни.
5. Иногда́ ни–че–го́ (!) не де́лать, забы́ть о работе.
6. Дружи́ть то́лько с трудолюби́выми–приме́р подстёгивает!

3 나태를 막을 수 있는 처방이 존재합니까 아니면 없습니까?

나태는 강하고 교활합니다. 왜냐하면 만약 그것을 쳐부수지 않는다면, 그것은 주인을 그의 모든 재능과 함께 먹어치워버릴 것이기 때문입니다. 어떻게 그것과 싸울 수 있다고 당신은 생각하십니까? 다음의 충고들 중에서 당신에게 어떤 것이 유익이 있다고 여겨지십니까?

1. 만약 당신이 어떤 특정한 일을 하는 데에 나태하다면, 그것을 포기하든지 아니면 그것을 기쁘게 해내든지 할 필요가 있다. 즉 이것을 스스로에게 납득시킬 필요가 있습니다.
2. 대체로 어떤 것을 행하는데 나태하다면, 그때 우선 자기 인생의 목적을 이해하고 나태로 인해 그 목적으로 이끌어질 수 있는지 어떤지를 볼 필요가 있습니다.
3. 일에서 다른 어떤 누구라도 그와 그와 경쟁하는 것이 유익합니다.
4. 시간표에 따라 살 필요가 있습니다.–휴일에도, 평일에도!
5. 때때로 아무–것도–하지 않습니다.(!) 일하지 않고, 일에 대해 잊어버립니다!
6. 일을 좋아하는 사람들과만 사귀는 것–그러한 사람들의 모범적 실례가 당신을 채찍질하여 고무시킬 것입니다!

주요 구문과 표현

1. **рецéпт от чего** ~에 대한 처방

2. **борóться с кем/чем** ~을 위하여 –와 싸우다

예) Как борóться с вúрусами в компьютéре? Как борóться с морщúнами? Как борóться с депрéссией? На рúнге он борóлся с экс-чемпиóном Россúи.

3. 원형부정사 사용구문

예) Если лень **выполня́ть определённую рабóту**, нáдо или отказáться от неё, или... –특정한 일을 수행하는데서 오는 나태

예) Если вообщé **лень что–то дéлать** –어떤 것을 하는데 있어서의 나태

원형부정사의 여러 용법(부록1 ⟨4⟩참조) 중 앞의 명사를 수식하는 형용사적 용법으로 쓰이고 있다.

4. **откáзываться/отказáться от чего** ~을 버리다, 포기하다

예) Он отказáлся от дóлжности. 그는 사직했다.

5. **убеждáть/убедúть кого в чём** ~을 –에게 설득하다, 납득시키다

예) Я не мог убедúть его в необходúмости этих расхóдов. 나는 그에게 이러한 지출의 필요성을 납득시킬 수 없었다.

6. **примéр** ① 예 ② 본보기, 모범사례(=образéц)

예) Отец для нас был примéром, образцóм во всём, мы ему старáлись подражáть.

4 Где работать вредно, а где–полезно?

Не́которые счита́ют, что профе́ссии быва́ют вре́дные и поле́зные для здоро́вья. Наприме́р, вредны́ для здоро́вья и опа́сны для жи́зни профе́ссии полице́йского, сапёра, шахтёра, рабо́тника хими́ческого произво́дства, журнали́ста. А вот в роди́льном доме, говоря́т, рабо́та для здоро́вья поле́зна. И вообще́ рабо́та с детьми́, молодёжью даёт мно́го здоро́вой жи́зненной эне́ргии, молоди́т. Поле́зны та́кже все рабо́ты, кото́рые прохо́дят на све́жем во́здухе (лесни́к, фе́рмер).

Други́е говоря́т, что невре́дных профе́ссий вообще́ нет. Тру́дно быть врачо́м: постоя́нный стресс. Или педаго́гом: рабо́та не́рвная. Или арти́стом: сего́дня–успе́х, за́втра–прова́л, это расша́тывает не́рвы. Даже в архи́ве рабо́тать вре́дно–там челове́к глота́ет архи́вную пыль. И на любо́й рабо́те быва́ет, что нача́льство да́вит, а это стресс!

Каки́е профе́ссии, заня́тия, места́ рабо́ты, на ваш взгляд, наибо́лее (наиме́нее) поле́зны (вредны́) для здоро́вья? Может быть, поле́зных для здоро́вья профе́ссий нет, и на любо́м рабо́чем ме́сте есть что–то вре́дное для здоро́вья? Или люба́я профе́ссия, любо́е заня́тие поле́зны, если осознаёшь, что тво́й[9] труд ну́жен други́м?

9) **ты**로 나타내는 일반화에 대한 자세한 설명은 부록1 〈8〉을 참조하시오.

4 어디에서 일하는 것이 해롭습니까, 아니면 어디가 이롭습니까?

몇몇 사람들은 직업은 건강에 해로울 수도 이로울 수도 있다고 여깁니다. 예를 들어, 건강에 해롭고 생명에 위험한 것은 경찰, 공병, 광부, 화학공장 직공, 셔닐리스트의 직업입니다. 한편 출산원에서의 일은 건강에 유익하다고들 합니다. 그리고 대체로 어린이들과, 젊은이들과의 일은 많은 건강한 삶의 에너지를 주며, 실제보다 사람을 젊어 보이게 합니다. 신선한 공기 속에서 진행되는 모든 일(산림간수, 농장경영자) 또한 유익합니다.

다른 이들은 해롭지 않은 직업이란 전혀 없다고 말합니다. 의사로 있기는 어렵습니다. 왜냐하면 일이 계속적인 스트레스를 주기 때문에. 혹은 교육자도 그렇습니다. 왜냐하면 일이 신경을 많이 쓰이게 하기에. 혹은 예술가도 그렇습니다. 왜냐하면 오늘은 성공이고, 내일은 파멸, 그것이 신경을 초조하게 하기에. 고문서국에서조차 일하는 것은 해롭습니다. 그곳에서 사람은 고문서의 먼지를 삼키게 되기에. 그리고 어떤 일에서나 상사가 압박을 주는 일이 일어나는데, 그것이 스트레스입니다!

당신이 보기에는 어떤 직업, 업무, 일터가 건강에 좀 더(좀 덜) 이롭습니까(해롭습니까)? 아마도, 건강에 이로운 직업은 없을까요? 그리고 어떤 일터에서건 무언가 건강에 해로운 것이 있을까요? 혹은 만약에 당신의 일이 다른 이에게 필요하다고 당신이 인식한다면, 어떤 직업이건, 어떤 일이건 유익할까요?

5 Каждый день ходить на работу– это заслуга, норма или подвиг?

Для процвета́ния страны́ необходи́мо, что́бы все трудоспосо́бные гра́ждане кажды́й день ходи́ли на рабо́ту. Одни́ говоря́т, что ходи́ть ка́ждый день на рабо́ту–в э́том заслу́ги челове́ка нет, это обы́чное де́ло. Други́е полага́ют, что ка́ждый день ходи́ть на рабо́ту, на слу́жбу спосо́бен не ка́ждый, это своеобра́зный тала́нт. Не все им облада́ют. Наприме́р, есть лю́ди, у кото́рых к ежедне́вному труду́, осо́бенно физи́ческому, отвраще́ние; таки́е лю́ди ча́сто стано́вятся престу́пниками. И ещё есть мно́го таки́х люде́й, кто хоте́л бы занима́ться то́лько тво́рческими ви́дами де́ятельности, вести́ боге́мный о́браз жи́зни и не ходи́ть ка́ждый день на рабо́ту.

Как вы дума́ете, ка́ждый день ходи́ть на рабо́ту– это заслу́га, даже по́двиг, и для э́того ну́жен осо́бый дар, своеобра́зный тала́нт? Или в э́том нет ничего́ необы́чного, это но́рма?

5 매일 직장에 가는 것–이것이 훌륭한 일(공로)일까요, 정해진 규범 혹은 업적일까요?

나라의 번영을 위해서 모든 노동 능력이 있는 시민들은 매일 직장에 가야만 합니다. “매일 직장에 가는 것 그것에 사람의 공로는 없고, 그것은 보통 흔한 일이다.”라고 말하는 이들이 있습니다. 다른 이들은 매일 직장에 가고, 직장에 근무하는 것은 모든 사람에게 있는 능력이 아니고, 독특한 재능이라고 여깁니다. 모든 사람이 그러한 능력을 영유하고 있지는 않습니다. 예를 들어, 매일의 일에 특별히 육체적인 일에 혐오감을 갖고 있는 사람들이 있는데, 그러한 사람들은 종종 범죄자가 됩니다. 그리고 또한 창조적인 종류의 일에만 종사하고자 하여, 지나치게 자유로운 생활방식을 가지고 직장으로 매일 출근하지 않는 그런 많은 사람들도 있습니다.

당신은 어떻게 생각하십니까? 매일 직장가는 것 그것이 공로, 심지어는 업적이며, 그것을 위해서 특별한 천부적 능력, 독특한 재능이 필요하다고 생각하십니까? 혹은 그러한 것에는 비범한 어떤 것도 없고, 그것은 표준적인 것이라고 생각하십니까?

주요 구문과 표현

обладáть чем ~을 영유하다, 점유하다, 갖다

예) Он обладáет хорóшим слýхом. 그는 좋은 청력을 갖고 있다.

6 Как выбирать профессию–«по любви» или «по расчёту»?

Есть шу́тка, что профе́ссию на́до выбира́ть, как жену́: по любви́ и из–за де́нег. Действи́тельно, е́сли за люби́мую рабо́ту пла́тят досто́йную зарпла́ту, это уда́ча. Но не́которые лю́ди выбира́ют профе́ссию незави́симо от зарпла́ты. Для них рабо́та–призва́ние. Им не в тя́гость тяже́лый труд, кото́рого тре́бует их профе́ссия. Если профе́ссия ка́ждый день интере́сна, остально́е (де́ньги, сла́ва, успе́х) не так ва́жны. Кро́ме того́, выбира́я профе́ссию, мы выбира́ем круг обще́ния.

А други́е счита́ют, что лу́чше рабо́тать на нелюби́мой, но хорошо́ опла́чиваемой рабо́те. Незауря́дный челове́к проя́вит себя́ в любо́й профе́ссии. А на зарабо́танные де́ньги мо́жно реализова́ть себя́ по́сле рабо́ты, наприме́р, в хо́бби.

Кто, на ваш взгляд, прав, кто–нет? Или в ка́ждой то́чке зре́ния есть до́ля и́стины, своё рациона́льное зерно́?

6 직업을 어떻게 선택합니까? '좋아서' 혹은 '계산에 따라'?

직업은 부인처럼 고를 필요가 있다는 농담이 있습니다. 즉 사랑에 따라 그리고 돈 때문에. 실제로, 만약 좋아하는 일에 대해 가치있는 봉급을 받는다면, 그것은 성공인 것입니다. 그러나 몇몇 사람들은 직업을 봉급과는 별도로 선택합니다. 그들에게 일은 소명입니다. 그들에게는 그들의 직업이 요구하는 어려운 일이 무거운 부담 속에 놓여 있지 않습니다. 만약에 직업이 매일 재미있다면, 나머지 것들(돈, 명예, 성공)은 그다지 중요치 않습니다. 뿐만이 아니라 직업을 선택하면서 우리는 교제의 범위를 선택합니다.

한편 다른 이들은 좋아하지 않지만, 좋은 봉급을 받는 일을 하는 것이 더 낫다고 여깁니다. 비범한 사람은 어떤 직업에서건 자신을 드러냅니다. 그리고 벌어들인 돈으로 일이 끝난 후에 자아실현을 할 수 있습니다. 예를 들어, 취미로 자아실현을 할 수 있습니다.

당신이 보기에는 누가 옳고, 누가 옳지 않습니까? 혹은 각 관점에 옳은 부분(진실을 보여주는 부분)이 있고, 사신반의 수긍이 갈 만한 부분이 있습니까?

주요 구문과 표현

1. рациона́льное зерно́ (=элемент чего–то разу́много)

① 수긍이 갈 만한 부분 ② 이성적 추론의 부분

예) Ка́ждая из гипо́тез имеет своё рациона́льное зерно́, кото́рое ну́жно найти́ и разви́ть.

С то́чки зре́ния тради́ции совместная жизнь до брака– это плохо, но в этом есть рациона́льное зерно́–отноше́ния должны́ снача́ла сформирова́ться, а уже пото́м па́ра должна́ идти в загс.

2. до́ля и́стины 진실을 보여주는 부분(옳은 부분)

예) Наш ли́дер был жесто́к. Так или нет?–Согла́сен. В этом есть до́ля и́стины, но в це́лом он выдаю́щийся полити́ческий де́ятель.

7 Человек может освоить любую профессию?

Как бы ни меня́лись профе́ссии, каки́е бы но́вые профе́ссии ни появля́лись, всегда́ найду́тся лю́ди, кото́рые бу́дут ими занима́ться. Это говори́т о ги́бкости челове́ка, о его больши́х, неисчерпа́емых возмо́жностях.

Как вы ду́маете, каки́е но́вые профе́ссии поя́вятся в бу́дущем? Каки́е исче́знут?

7 사람은 어떤 직업이든 자신의 것으로 만들 수 있을까요?

아무리 직업이 바뀐다고 해도, 새로운 직업들이 나타난다고 할지라도, 항상 그것에 종사할 사람들을 찾을 수 있을 겁니다. 이것은 인간의 탄력성, 인간의 사라지지 않는 큰 가능성을 의미합니다.

어떠한 새로운 직업이 미래에 나타날 것이라고 당신은 생각하십니까? 어떤 것이 사라질 것이라고 생각하십니까?

주요 구문과 표현

Как бы ни~ 아무리 ~한다 할지라도

예) Как бы ни меня́лись профе́ссии, каки́е бы но́вые профе́ссии ни появля́лись, ~

아무리 직업이 바뀐다고 해도, 새로운 직업들이 나타난다고 할지라도, ~

Разыгрываем диалоги

Разыграйте диалоги в соответствии с ситуациями.

다음의 상황들에 맞게 역할극을 하세요.

1. Предста́вьте, что вы учи́тель (лётчик, судья́, журнали́ст, полице́йский, фе́рмер…). Вас пло́хо обслу́живают в магази́не (рестора́не, ба́нке…). Как вы бу́дете говори́ть с администра́цией?
2. Сы́н мечта́ет обойти́сь без профе́ссии и без ремесла́: «жени́ться на де́ньгах» и бо́льше ничего́ не надо де́лать. Мать отгова́ривает его.
3. Как определи́ть, чело́век–профессиона́л, творе́ц или безде́льник?
4. А: Как рома́нтична рабо́та полиции, спасателей, пожа́рных! Б: Это соба́чья рабо́та: слёзы, кровь, у́жасы, то побе́ды, то пораже́ния...
5. Учи́тельница: Де́ти раздража́ют, де́йствуют на не́рвы. Дире́ктор: Дети есть дети, а вы рабо́таете не по призва́нию!
6. А: Мне ну́жен продю́сер! Б: Осторожно: они выжима́ют со́ки из молоды́х, до́ят их и пото́м выбра́сывают.
7. А: Есть уважа́емый труд и презира́емый! Б: Тяжёлый труд утомля́ет, ста́рит, но на лю́дях тяжёлого труда́ де́ржится благополу́чие други́х, презира́ть их–бескульту́рье и жесто́кость!
8. А: Сце́на–блестя́щий, влеку́щий мир! Популя́рность (рвут звезду́ на сувени́ры!) умиля́ет, льсти́т. Б: Работа тре́бует по́лной самоотда́чи, а как же семья́?

9. В мэ́рии реша́ют, представи́телям каки́х двух профе́ссий поста́вить па́мятники: продавцу́, шахтёру, му́сорщику, учёному, железнодоро́жнику, врачу́? Де́ньги есть то́лько на два па́мятника.
10. А: Почте́ние к нача́льнику– это раболе́пие. Б: Нет, это необходи́мое ува́жение: на нём лежи́т больша́я отве́тственность.
11. А: Я влюби́лся в моде́ль! Она само очарова́ние! Б: Они́ все глу́пые и малообразо́ванные.
12. Друзья́ обсужда́ют жизнь нерабо́тающего бога́того сосе́да. Оди́н сосе́ду зави́дует и счита́ет, что отдыха́ть интере́снее, чем рабо́тать, а друго́й ему сочу́вствует: всё вре́мя развлека́ться ску́чно. От пра́здности устаёшь бо́льше, чем от за́нятости.
13. Ну́жно ли челове́ку хо́бби? А: Хо́бби мо́жет прида́ть жи́зни но́вый смысл. Б: Хо́бби мо́жет по́лностью оторва́ть от реа́льности.
14. Педаго́г, по́вар и ча́стный сы́щик дока́зывают друг другу, что их профе́ссия са́мая увлека́тельная, остальны́е ску́чные.
15. Администра́ция го́рода реша́ет, каки́е соревнова́ния устро́ить в «День го́рода». Шу́точные (поеда́ние по́нчиков, пра́здник пи́ва)? Силовы́е, спорти́вные? Соревнова́ния профессиона́лов (парикма́херов, поваро́в, пло́тников и т.д.) в трудовы́х на́выках? Ко́нкурсы худо́жников, поэ́тов, музыка́нтов?

Пишем сочинение

1. Хара́ктер и во́ля нужны́ в любо́й профе́ссии.
2. Профе́ссия: призва́ние, кусо́к хле́ба, сре́дство самовыраже́ния?
3. Цена́ челове́ку–его́ де́ло.
4. Вы́брать профе́ссию–вы́брать судьбу́.
5. Культу́ра– это уваже́ние к любо́му труду́.
6. Люби́мое де́ло–пра́здник ка́ждый день.
7. Домохозя́йка– это профе́ссия?

Дополнительный материал 보충 자료

Познакомьтесь с пословицами, скажите, какая вам нравится больше всего и почему.

속담을 알아보고, 어떤 것이 가장 마음에 드는지, 그 이유는 무엇인지 말해 보세요.

Русские пословицы 러시아어 속담

- Де́ло есть не про́сит, а ко́рмит. 일은 먹으라고 요청하지 않고, 먹여 준다: 즉 내가 일을 먹여주어서는 안되고 일이 나를 먹여 주어야 한다.
- Сде́лал дело–гуля́й сме́ло. 일을 다 했으면, 용감하게 산책하며 쉬어라.
- Рабо́та не волк, в лес не убежи́т. 일은 늑대가 아니라서, 숲속으로 달아나지 않는다: 즉 쉬어가며 일해라!
- Кто не рабо́тае́т, тот не ест. 일하지 않는 자는 먹지도 마라.
- Ску́чен день до ве́чера, если де́лать не́чего. 아무 것도 하지 않는다면, 하루가 저녁까지 심심하다.

부록 1

본문에 나오는 주요 러시아어 구문 및 표현에 대한 용법 설명

Приложение 1

Отдельные особенности построения русского текста и некоторые трудные случаи словоупотребления

〈1〉 러시아어의 구두점 : (двоеточие)

러시아어의 구두점 중 본문에 많이 쓰이는 구두점 : (двоеточие)는 부연설명할 때 주로 쓰는 기호로써 한국어에서는 이러한 구두점이 쓰인 문장은 구두점 : 대신에 문맥에 맞는 어휘를 넣어 다음과 같이 여러 가지로 해석된다.

1. '즉, 다시 말하자면'

예) Никто́ не спо́рит, что лю́ди о́чень ра́зные: тала́нтливые и со сре́дними спосо́бностями, трудолюби́вые и лени́вые, откры́тые и за́мкнутые. 사람들이 너무나 다양하다고 하는 데에 아무도 의견을 달리하지 않습니다. **즉 다시 말하자면** 재능이 있는 자들과 보통의 능력을 가진 자들, 근면한 자들과 게으른 자들, 외향적인 자들과 내성적인 자들이 있습니다.

예) Тогда́ вме́сто плохо́го результа́та (тупика́) мо́жно получи́ть хоро́ший: ли́бо пойти́ на взаи́мные усту́пки (мо́жно уступа́ть по о́череди), ли́бо дости́чь компроми́сса 그러면 나쁜 결과(막다른 골목)대신에 좋은 것을 얻을 수 있습니다. **다시 말하자면** 그것은 상호 양보(순서대로 양보할 수 있는 것)로 가든지 혹은 상호 보완을 얻든지 하는 것입니다.

예) Есть любо́вь–матери́нская: же́ртвенная любо́вь ма́тери к де́тям. 어머니의 사랑이 있습니다. **즉** 그것은 어머니의 아이들에 대한 희생적 사랑입니다.

2. 본절에 자세한 내용이 써있지 않고 간단한 단어만 제시하고 바로 구두점 : 로 이어질 때, 그 구체적인 내용은 구두점 : 뒤에 나온다. 그 경우는 '다음과 같다'로 해석한다.

예) Одна́ пози́ция: «Взаи́мна любо́вь или невзаи́мна– это не о́чень ва́жно. 한가지 입장은 **다음과 같습니다**. 사랑이 상호적인가 아닌가하는 것은 그다지 중요치 않다는 것입니다.

3. 문맥에 따라 구두점 : 뒤에 앞의 내용에 대한 이유나 원인이 설명된다. 이 경우는 '왜냐하면 ~때문이다.'로 해석한다.

예) Мно́гие живу́т с подсозна́тельным чу́вством превосхо́дства над други́ми. Но в обще́нии на́до соблюда́ть ра́венство: ни в ко́ем слу́чае не счита́ть други́х ху́же, ни́же себя, никого́ не презира́ть. 많은 사람들은 다른 사람들보다 우월하다는 잠재의식적 느낌을 가지고 살고 있습니다. 하지만 사회에서는 평등을 지켜야 할 필요가 있습니다. **왜냐하면** 어떤 경우라 할지라도 다른 이들을 자신보다 더 못하다고, 자신보다 낮다고 여겨서는 안 되고 어느 누구도 경멸해서는 안 되기 **때문입니다.**

예) Подсозна́тельно лю́ди о́чень ча́сто выбира́ют в друзья́ тех, кто похо́ж на них по хара́ктеру, ро́ду де́ятельности, о́бразу жи́зни, материа́льному положе́нию: так психологи́чески комфо́ртнее. 무의식적으로 사람들은 너무나 자주 친구들로 성격, 행동의 양식, 생활모습, 물질적 여건 상 자기들과 비슷한 사람들을 선택합니다. **왜냐하면** 그것이 심리적으로 더 안정되기 **때문입니다.**

예) Тру́дно быть врачо́м: постоя́нный стресс. 의사로 있기는 어렵습니다. **왜냐하면** 계속적인 스트레스가 있기 **때문입니다.**

〈2〉 **접속사**союз А

러시아어 접속사 а 는 다음과 같은 여러 가지 용법을 가진다.

1. 앞에 어떤 설명이 나온 후에 국면을 전환할 때: '그런데'

예) **А** как вы отно́ситесь к ссо́рам: они сдвига́ют отноше́ния люде́й вперёд и́ли наза́д? **그런데** 당신은 불화를 어떻게 다루십니까?

예) **А** мо́жет быть, ссо́ры действи́тельно сближа́ют бо́льше, чем, друго́е времяпровожде́ние. 이런 의견이 있습니다. **그런데** 이게 아니라면 어쩌면…

2. 앞절과 대비하여 서술하고자할 때: ‘한편’

예) Кто–то подхо́дит к дру́жбе утилита́рно. **А** други́е ду́мают, что выбира́ть дру́га из–за его профе́ссии– это лицеме́рие. 어떤 이는 우정에 실용적으로 접근합니다. **한편** 다른 이들은 친구를 그의 직업으로 인해 선택하는 것, 그것은 위선이라고 생각합니다.

3. 앞 절의 내용을 대비하여 새로운 시각을 제시할 때: ‘아니면’

예) Мо́жет быть, э́то две кра́йности в любви́? **А** среди́ же́нщин ча́сто встреча́ются эти два типа хара́ктеров? 아마도 이것이 사랑에 있어 두 개의 양극단일까요? **아니면** 여자들 중에서 종종 이러한 두 성격의 유형들을 종종 만나십니까?

예) Где работать вредно, **а** где–полезно? 어디에서 일하는 것이 해로운가, **아니면** 어디가 이로운가?

4. 앞절의 내용을 순접할 때: ‘그래서’

예) Така́я дру́жба часто ко́нчается охлажде́нием, разры́вом, **а** иногда́ и насто́ящей вражд́ой. 그러한 우정은 종종 냉담, 분열로 끝나고, **그래서** 때때로 실제적인 불화로도 끝이 납니다.

5. 앞 절의 내용에 덧붙이고자 할 때: “그리고”

예) Где рабо́тает челове́к, если о нём говоря́т: «У него́ бы́ло два гла́вных сло́ва: рабо́та и лаборато́рия»? **А** что мо́жно сказа́ть о вас? 만약에 그에 대해 “그에게는 두 중요 단어가 있는데 즉 일과 실험실이었다.”라고들 말한다면, 그 사람은 어디에서 일하는 것일까? **그리고** 당신에 대해서는 어떻게 말할 수 있을까?

〈3〉 소사, 접속사 да

본문에 많이 쓰인 да의 용법을 살펴보면 다음과 같다.

1. 소사로서 강조, 제한등의 다양한 뉘앙스를 나타낸다: '정말이지, 그야말로, 도대체'

   예) **Да** и кто зна́ет, как и како́й цено́й э́тот успе́х дости́гнут…
   정말이지 누가 알수있으랴, 어떻게 어떤 가치있는 이러한 성공을 그들이 획득했는지를…

2. 대조의 의미를 표현하는 연결사로서의 접속사 역활을 한다: '그러나'

   예) От одного́ сло́ва **да** наве́к ссо́ра. 한마디 말로부터 **그러나** 영원한 불화.

3. 보충의 의미를 나타내는 순접 접속사 역활을 한다: '그리고'

   예) Не осужда́йте, **да** не осуждены́ бу́дете.
   비난하지 마라, **그리고** 비난받지도 마라.

〈4〉 원형부정사(инфинитив)

본문에 많이 쓰인 원형부정사의 용법[10]은 다음과 같다.

1. 형용사적 용법: 원형부정사가 그 앞의 명사를 수식하는 형용사의 역할을 한다.

   예) Если лень **выполня́ть** определённую рабо́ту, на́до отказа́ться от неё. －특정한 일을 수행하는데서 오는 나태

   예) Если вообще́ лень что–то **де́лать...** －어떤 것을 하는데 있어서의 나태

10) 자세한 설명은 박혜옥, 「러시아어의 부정법과 상의 문제」, 『상명대어문학 연구』 제7집, 1998.2. 참조

2. 명사적 용법: 원형부정사가 명사화되어 명사적 개념을 표시한다. '~하는 것'

예) Ничего не **де́лать, забы́ть** о работе!
하지 않는 것, 일에 대해 잊어버리는 것

예) Мой тебе совет: **дружи́ть** то́лько с трудолюби́выми. 근면한 사람들하고만 사귀는 것

3. 서술적 용법: 원형부정사가 서술의 의미로 쓰일 때는 가능, 필연성, 당위성, 명령, 의무 등의 양상적 뉘앙스를 가진다. 본문에 나와 있는 예문에 한해 살펴본다.

1) 명령, 의무: '~해야한다' (не + 원형부정사: '~해서는 안 된다')

예) Ни в ко́ем слу́чае *не* **счита́ть** други́х ху́же, ни́же себя, никого́ *не* **презира́ть.** 어떤 경우라 할지라도 다른 이들을 더 못하다고, 자신보다 낮다고 여겨서는 안 되고 어느 누구도 경멸해서는 안 됩니다.

2) 가능성: '~할 수 있다'

본문의 예문들은 주로 **원형부정사(инфинитив) + 서술부사**의 구조로 서술부의 한 부분을 차지하고 있다.

예) С кем **дружи́ть** *прия́тнее*, по-ва́шему? 당신의 생각으로는 누구와 더 친하게 지낼 수 있습니까?

예) Где **рабо́тать** *вре́дно*, а где-*поле́зно*? 어디에서 일하는 것이 해롭고, 어디가 유익할 수 있습니까?

하지만 다음 예문과 같이 원형부정사 단독으로 서술어로 쓰이는 경우도 있다.

예) Как **рабо́тать** здесь? 여기에서 일할 수 있을까? 일해야 하는가? 일해야만 하는가? 일할 필요가 있을까?

예) С кем **дружи́ть**? 누구와 사귈 수 있을까? 사귀어야만 하는가? 사귈 필요가 있을까?

예) Кого **люби́ть**? 누구를 사랑할 수 있을까? 사랑해야만할까? 사랑할 필요가 있을까? 사랑하는 것이 가능할까?

Как **жить**? 어떻게 살 수 있을까? 살아야만 할까? 살 필요가 있을까? 사는 것이 가능할까?

이 경우에 대한 해석은 위의 예 이외에도 미결정, 망설임, 자기 반문, 예정 등으로 다양할 수 있고, 그것은 문맥에 의존하여 해석한다.

〈5〉 чтобы + 과거동사 구문

현실 상황이 아닌 경우 즉 조건적이거나 가정적인 경우 **чтобы + 과거동사** 구문을 사용한다. 이때 чтобы가 이끄는 종속절은 행위의 소원, 목적, 제안, 충고, 명령, 요청, 주장 등을 나타낸다.

예) Лу́чше, **что́бы** дру́г *рабо́тал* в друго́й сфе́ре. 친구가 다른 영역에서 일한다면 더 좋을텐데

예) Я пишу это, **чтобы** ты не *забыл*. 네가 잊지 않게 하기 위해 나는 이것을 쓴다.

예) Не проходит (ни) дня, **чтобы** он ей не *звонил*. (=Он звонит ей каждый день.) 그가 그녀에게 전화 걸지 않고 지나간 날이 없습니다. =매일 전화를 겁니다.

예) Для процвета́ния страны́ необходи́мо, **что́бы** все трудоспосо́бные гра́ждане ка́ждый день *ходи́ли* на рабо́ту. 나라의 발전을 위해서는 모든 근면한 시민들이 매일 일터로 가야하는 것이 요청됩니다. =필수불가결합니다.

〈6〉 Кто–...чего., Кто–что. 구문

다음은 러시아어에서 흔히 쓰이는 У кого~구문이다.

У него мя́гкий хара́ктер.

У него тре́звый рассу́док, тре́звый ум.

У него широ́кая нату́ра……

한편 아래 도표에서 보는 구문들은 이러한 구문과 같은 뜻이지만, 그 쓰임에 있어 제한적인 구문들이다. 즉 이 구문들은 제한된 어휘에 한해 특수한 어결합을 보이며 독특한 격 사용을 보인다.

Кто–чего. 구문	Кто–что. 구문
Он высо́кого(ни́зкого, среднего) ро́ста. Он круто́го(ти́хого, бу́йного, непоко́рного, капри́зного) нра́ва. Он си́льного(сла́бого,мя́гкого) хара́ктера, лю́бит ли́дерство (не лю́бит ли́дерство). Он тре́звого рассу́дка.	Он широ́кая (ще́драя, стра́стная,увлека́ющаяся…) нату́ра. Он–сама́ делика́тность (не́жность,пункту́альность...). ....

특히 Кто–что구문에서 человек(люди)가 함께 쓰이면 생산성이 강한(광범위한 어결합을 지닌) 다음과 같은 흔히 쓰이는 구문이 된다.

Он челове́к большо́го ума́. Она челове́к большо́й чу́ткости.

Они лю́ди осо́бой делика́тности.

〈7〉 부정(不定)인칭 구문(неопределённо–личное предложение)

주어가 일반적인 사람들인 경우 혹은 통지의 성격상 행위의 주체가 중요치 않을 때, 행위의 주체를 모를 때, 또는 너무 잘 알려져 있을 때, 혹은 의식적으로 주어를 쓰지 않을 경우 사용되는 문장을 부정인칭구문이라 한다. 이때 문법적으로 의미에 상관없이 동사형은 3인칭 복수꼴을 사용함에 주의해야 한다.

본문에 많이 언급된 부정인칭 구문의 해석에 대해 살펴보기로 한다.

1. 수동 의미로 해석

예) В одни́х (странах) его **надева́ют** то́лько во вре́мя карнава́ла, а в други́х–**но́сят** как в пра́здники, так и в бу́дни. 어떤 나라들에서는 그것(일상복)은 단지 축제 기간에만 착용되고, 다른 나라들에서는 평일과 같이, 축일에도 일상복이 착용됩니다.

예) Если вам **ска́жут** таку́ю фра́зу.... 만약에 당신에게 다음과 같은 구절을 사람들이 말한다면… =만약에 당신이 다음과 같은 구절을 듣는다면…

예) Их **осужда́ют**: лени́вый–сам себе враг. 그들은 다음과 같이 비난 받습니다. 즉 게으름뱅이는 자기 자신에게 적이라고.

예) Если за люби́мую рабо́ту **пла́тят** досто́йную зарпла́ту, это уда́ча. 만약 좋아하는 일에 대해 가치 있는 봉급을 받는다면, 그것은 성공입니다.

2. 능동 복수 일반인칭으로 해석: '~라고들 한다'

예) О врача́х **говоря́т**: «Хоро́шие врачи́ не про́сто учёные, это пе́рвые лю́ди по́сле Бо́га. 의사들에 대해 "좋은 의사들은 단순히 학자가 아니라 하나님 다음으로 첫째가는 사람들이다."라고들 합니다.

〈8〉 일반화(обобщённость)

러시아어에서는 위에서 설명한 부정인칭구문 외에도, 2인칭 단수(ты)로 일반화를 나타낼 수 있다. 이것은 주로 일반적으로 통용되는 속담, 격언 등에 많이 사용된다.

예) Че́стным трудо́м не **разбогате́ешь.** 정직한 일로는 부자가 될 수 없다.

예) Кур, у́ток не **нако́рмишь,** баб, де́вок не **оде́нешь.** 닭과 오리를 충분히 먹일 수 없고, 부인네들과 처녀들 옷 입히는 것을 끝낼 수 없다.

예) Здоро́вье не **замеча́ешь.** (일반적으로 사람은) 건강을 주의하지 않는다.
За красоту́ всё **проща́ешь.** (일반적으로 사람은) 미인에게는 모든 것을 용서한다.

이때 일반화의 표시인 3인칭 복수 사용과의 차이점은 2인칭 단수를 사용할 경우는 화자자신을 포함하여 자신의 말을 일반적으로 통용되는 것으로 일반화시키는데 반해, 3인칭 복수는 타인들의 일반화된 진술만을 나타낸다는 것이다. (물론 서술어가 3인칭 복수로 된 부정인칭구문은 앞에서도 설명했듯이 이러한 일반화외에도 주어가 불분명하거나, 주어를 밝힐 필요 없거나, 주어가 너무나 잘 알려져 있을 경우 등에도 쓰인다.)

1. 일반성을 기반으로 한 화자의 의견으로서 제시

예) Любо́вь не карто́шка, не **вы́кинешь** в око́шко. -화자 생각도 그렇다.

예) Трудо́м пра́ведным не **поста́вишь** пала́т ка́менных. -화자 생각도 그렇다.

예) Че́стным трудо́м не **разбогате́ешь** -화자 생각도 그렇다.

2. 일반적인 의견으로서 제시

예) Цыпля́т по о́сени **счита́ют.** -일반적으로 그렇다.

예) **Лю́бят** не геро́ев, а победи́телей. -일반적으로 그렇다.

예) **Не убива́ют** того, кто хорошо́ сража́ется, да́же если это бык в корри́де. -일반적으로 그렇다.

특히 주목해야 할 점은, 한국어에서는 일반적인 서술을 하다가 갑자기 '너–ты'로 쓰는 것은 부자연스러우나, 러시아어에서는 일반화를 나타내기 위해서 문맥 중간에 언제든지 이러한 2인칭 단수의 사용이 가능하다는 것이다. 본문의 예를 들어 설명하면 다음과 같다. 다음에서 보듯이 본문의 전체가 вы로 써 있지만, ты로 바꿈으로써 일반화를 나타내고 있음을 알 수 있다.

......

Тру́дно найти́ челове́ка, кото́рый тебе подхо́дит... Но в совреме́нной жи́зни знако́мство–не пробле́ма! Кто–то пошути́л, что с хоро́шим челове́ком мо́жно познако́миться в це́ркви, в университе́те или в клу́бе по интере́сам. .... А знако́мства в ночно́м клу́бе с его поро́й криминоге́нной обстано́вкой или знако́мства в интерне́те непредсказу́емы по результа́ту.

Вы то́же так счита́ете?

–주제 7–6. Где лучше знакомиться? 본문에서 인용

....

Каки́е профе́ссии, заня́тия, места́ рабо́ты, на ваш взгляд, наибо́лее (наиме́нее) поле́зны (вре́дны) для здоро́вья? Может быть, поле́зных для здоро́вья профе́ссий нет, и на любо́м рабо́чем ме́сте есть что–то вре́дное для здоро́вья? Или люба́я профе́ссия, любо́е заня́тие поле́зны, если (ты) осознаёшь, что тво́й труд ну́жен други́м?

–주제 8–4. Где работать вредно, а где–полезно? 본문에서 인용

〈문제〉 책의 다른 본문에서 이러한 일반화의 예를 찾아 보세요.

〈9〉 러시아어에서 주어가 무생물인 경우

러시아어에서 주어가 무생물인 경우 그대로 한국어로 직역할 경우 어색하게 된다. 이때 다음과 같이 하면 자연스러운 해석을 할 수 있다.

1. 수동문인 경우 능동문으로 바꾸어 해석한다.

예) Встреча́ются пря́мо противополо́жные **сужде́ния.** 우리는 직설적으로 반대 입장에 놓여 있는 의견들을 만납니다.

2. 무생물 주어를 원인, 조건, 목적 등 부사적으로 해석한다.

예) Спосо́бствует ли **она** тому́, что де́ти с ра́зным доста́тком чу́вствуют себя ра́вными. 그것(교복)으로 인해 다양한 재산 배경을 가진 아이들이 스스로 다르다고 느끼는 것이 가능합니까, 아닙니까?

예) Надо посмотре́ть, ведёт ли **лень** к э́той це́ли. 나태가 그 목적으로 이끄는지 어떤지를 볼 필요가 있습니다. =나태로 인해 그 목적으로 이끌어질 수 있는지 어떤지를 볼 필요가 있습니다.

예) Если **судьба** свела с аферистом... 만약에 운명으로 인해 투기꾼을 만나게 된다면…

〈10〉 비슷한 뜻으로 쓰이는 단어들

1. **비밀** секре́т, та́йна

секре́т은 비밀, 비법 등의 뜻으로 쓰여 다음과 같은 어결합이 가능하며, тайна보다 의미영역이 더 넓다.

секре́т обще́ния , секре́т сохране́ния любви́, секре́т мое́й подру́ги, секре́т ца́рской семьи́ …

та́йна는 비밀, 신비의 뜻으로 다음과 같은 어결합이 가능하다.

та́йна происхожде́ния челове́ка, та́йны ко́смоса, та́йна ца́рской семьи́, та́йна мое́й подру́ги …

2. **해결하다** разреша́ть/разреши́ть, реша́ть/реши́ть

'해결하다'의 뜻으로 두 종류의 동사의 사용이 다 가능하나 아래의 표에서 보이는 대로 각각 같이 쓰이는 어결합에서 차이를 보인다. (표에서 보듯이 вопро́с, де́ло, спор, пробле́ма는 위의 두 가지 동사들의 목적어로서 다 가능하다.)

예) реша́ть/реши́ть зада́чу (0)
разреша́ть/разреши́ть зада́чу (x)
реша́ть/реши́ть конфли́кт (x)
разреша́ть/разреши́ть конфли́кт (0)

реша́ть–реши́ть	разреша́ть–разреши́ть
зада́чу (математи́ческую,	–
боеву́ю, экономи́ческую)	–
уравне́ние	–
интегра́л	–
кроссво́рд	–
головоло́мку	

реша́ть–реши́ть	разреша́ть–разреши́ть
– – –	(га́зовый) кри́зис конфли́кт недоразуме́ние
вопро́с спор (о ку́рице и яйце́) де́ло (суд реши́л это суде́бное де́ло в по́льзу отве́тчика) (жили́щную) пробле́му	вопро́с спор (о Кури́льских острова́х) де́ло (суд разреши́л это суде́бное де́ло в по́льзу ответчи́ка) междунаро́дную пробле́му

3. **정신적인** духо́вный , мора́льный, нра́вственный

한국어로 '정신적인'에 해당하는 러시아어 단어로는 духо́вный, мора́льный, нра́вственный가 있다. 이 단어들 역시 각각 같이 쓰이는 어결합과 의미영역에서 차이를 보인다.

духо́вный 정신적인, 영적인, 종교적인

~ о́пыт, рост, возрожде́ние...

мора́льный 정신적인(≠ материа́льный), 도덕적인, 윤리적인

~подде́ржка, сти́мул...

нра́вственный 정신적인, 도덕적인

~ челове́к, о́блик Пу́шкина (Толсто́го…), по́двиг…

мора́льный,–ая,–ое,–ые нра́вственный,–ая,–ое,–ые духо́вный,–ая,–ое,–ые	о́блик, ка́чества, сто́йкость, си́ла, побе́да, це́нности
нра́вственный,–ая,–ое,–ые мора́льный,–ая,–ое,–ые	ко́декс, зако́н, спор, долг, конфли́кт, пробле́мы, усто́и, при́нципы, но́рмы, оце́нки, убежде́ния, воспита́ние, разви́тие, атмосфе́ра, кли́мат(в коллекти́ве), вы́бор,авторите́т кого–либо, пораже́ние, значе́ние
духо́вный,–ая,–ое,–ые нра́вственный,–ая,–ое,–ые	идеа́л (идеа́лы), красота́, чистота́, цель, (высо́кое, ни́зкое) разви́тие, возмо́жности
духо́вный,–ая,–ое,–ые мора́льный,–ая,–ое,–ые	подде́ржка, удовлетворе́ние
мора́льный,–ая,–ое,–ые (=не материальный)	стимулы́ (к труду́), уще́рб, уро́н, пра́во на что–либо
духо́вный,–ая,–ое,–ые	мир челове́ка, жизнь кого–либо, отноше́ния между кем–либо, потре́бности, интере́сы

위 단어들의 공통점, 차이점들을 나타내는 변별적 자질을 찾기가 쉽지 않기에 도표에서 보여주는 어결합의 용례를 가능한 익혀두어야 한다.

4. **사용하다** употребля́ть, испо́льзовать, применя́ть, по́льзоваться

위 단어들의 용법의 차이는 다음과 같다.

1) употребля́ть: 음식과 언어에만 사용한다.

예) У нас змей не употребля́ют в пи́щу.

Я не знаю, как употребля́ть это сло́во.

(수동태로는 употреблятьСЯ: 예: Как употребля́етСЯ это сло́во?)

2) испо́льзовать что как что, кого/что в свои́х инте́ресах

예) Мы испо́льзовали ста́рый шкаф как сейф.

예) Он челове́к коры́стный, испо́льзует людей, испо́льзует ситуа́цию.

(수동태로는 использоватьСЯ:

예: Как у вас испо́льзуетСЯ лингафо́нный кабине́т?)

3) применя́ть: 응용하다, 적용하다

(ме́тод, мето́дику, но́вую те́хнику)

(수동태로는 применя́тьСЯ:

예: В каких странах применяетСЯ эта методика?)

4) по́льзоваться чем: '사용하다'의 뜻으로 항상적이고, 습관적인 일상적 행동에서 가장 널리 쓰이는 동사로써 –СЯ 없이는 사용될 수 없고, 따라서 수동형태도 없다. (по́льзоваться ли́фтом, компью́тером, косме́тикой, ла́стиком, очка́ми, айфо́ном.....)

예) Я уме́ю по́льзоваться па́лочками (ло́жкой, ви́лкой).

〈11〉 여러 가지 의미로 쓰이는 단어

1. относи́ться к чему/к кому как

1) 다루다, 취급하다

예) Лю́ди по–ра́зному отно́сятся к веща́м. 사람들은 여러 가지로 물건들을 다룹니다.

2) (사람, 사물에 대해) 어떤 태도를 취하다, 대처하다, 처리하다

예) На то, как на́до относи́ться к этому, есть ра́зные взгля́ды. 이것에 어떻게 대처해야하는 지에 관해 다양한 관점들이 있습니다.

예) Как вы отно́ситесь к ссо́рам? 당신은 다툼에 어떻게 대처하십니까?

3) 관계하다

예) Это не отно́сится ко мне. 이것은 나와는 관계가 없습니다.

4) 생각하다, 여기다

예) Как вы отно́ситесь к шко́льной фо́рме? 학교 교복에 대해 당신은 어떻게 생각합니까?

2. 의문사 **что**

만약에 '이것에 대해 어떻게 생각하십니까?'를 그대로 러시아어로 옮겨 '*Как Вы об этом думаете?'라고 했다면 이 문장은 틀린 문장이 된다. 그것은 что, как의 의미와 용법이 다르기 때문이다. 즉 как은 문장의 앞, 중간, 끝에 삽입되어 다음과 같이 사용된다.

예) Как Вы ду́маете, инопланетя́не существу́ют?
Инопланетя́не, как Вы ду́маете, существу́ют?
Инопланетя́не суще́ствуют, как Вы думаете?

한편 что는 다음과 같은 여러 뜻을 가지며, '어떻게'의 뜻으로 쓰일 때는 Что Вы думаете? 혹은 Что Вы ду́маете о чём?으로 쓴다.

Что	Как
1) 무엇 Что это? 2) 어떻게 Что Вы ду́маете об э́том? 3) 어떤 이유로 Что ты так до́лго лежи́шь?	어떻게 Как вы думаете, (что) 문장~? Как вы думаете, 의문사절~?

부록 2

러시아어로 담화할 때 많이 쓰이는, 주요 전형적인 표현들 목록

Приложение 2

Список реплик, типичных для русской беседы.

어떤 주제에 관해 말하고자 하든지, 공부할 때 이 목록을 항상 가지고 다니세요. 그렇게 하면 당신은 대화에 필요한 자연스러운 러시아어 표현을 점진적으로 잘 습득할 수 있게 될 것입니다.

1) (У меня́ к вам) тако́й вопро́с. (Мо́жно вопро́с?) (Пока́ не забы́ла, хочу́ спроси́ть...)
2) Пока́ не забы́л (–а): что/как/где/почему (например, Пока́ я не забы́л, ку́да пойдём у́жинать по́сле заня́тий?)
3) Дава́йте это обсу́дим, обменя́емся мне́ниями. Вы́скажите своё мне́ние.
4) У меня такое мне́ние (я ду́маю вот́ что)… Я (абсолю́тно, по́лностью) уве́рен (в том), что…
5) Мне бу́дет интере́сно узна́ть ваше мне́ние. Мне интере́сно, что вы ска́жете. С удово́льствием выслушаю ваше мне́ние.
6) Я вас внима́тельно слу́шаю. Продолжа́йте, пожа́луйста. Это интере́сная пози́ция. Это интере́сно, что вы говори́те! Мне нра́вится то, что вы говори́те, мне нра́вятся ва́ши слова, ва́ша пози́ция.
7) Извини́те, что вы сказа́ли? Я не по́нял. Повтори́те, пожа́луйста.
8) Мину́точку (секу́дочку)… Да́йте поду́мать. Мне на́до поду́мать.
9) Расскажи́те о …, если это не секре́т.–Нет, не секре́т. Я расскажу́, но вы никому́ бо́льше не расска́зывайте.
10) Открове́нно говоря́ (говоря́ пря́мо, начистоту́)…
11) Не зна́ю, прав я или нет, но у меня тако́е мне́ние… Не зна́ю, прав я или нет, но я так ду́маю.
12) Я могу ошиба́ться, но я ду́маю, что… Наско́лько мне изве́стно… Как мы о́ба зна́ем… Как изве́стно.. Если я вас пра́вильно по́нял…
13) Я ду́маю, что …. У меня тако́е мне́ние… Моё мне́ние заключа́ется

в том, что…(книжный стиль).

14) Во–пе́рвых… во–вторы́х… в–тре́тьих… Да́льше. … Пото́м. … Зате́м. … Ещё (кое–что́, одно́). … И так да́лее. И тому́ подо́бное. Наконец…

15) Ой, я чу́ть не забы́л сказа́ть… Извини́те, я хочу ко́е–что доба́вить…В дополне́ние хочу́ сказа́ть…

16) Я (мно́го) ду́мал об э́том, и сде́лал (тако́й) вы́вод.

17) Сейча́с я ду́маю по–друго́му, я свою́ пози́цию измени́л.

18) Я уважа́ю ва́ше мне́ние (ва́шу пози́цию), но я остаю́сь при своём мне́нии. Ка́ждый ду́мает по–сво́ему.

19) Я слы́шал, что…Я где–то чита́л, что… кто–то мне говори́л, что…

20) Вам это мо́жет показа́ться смешно́/заба́вно/стра́нно, но я…

21) Соверше́нно не зна́ю, что сказа́ть. Мне не́чего сказа́ть. Я не ви́жу в э́том пробле́мы. Я об э́том никогда́ серьёзно не ду́мал (я далёк от э́того). Конкре́тно сказа́ть ничего́ не могу́. У меня не́ было тако́го о́пыта, и я ничего́ не могу́ сказа́ть. Я не владе́ю те́мой, далёк от э́той темы.

22) Это (так) (в жи́зни) быва́ет. Тако́го (в жизни) не быва́ет. Быва́ет по–ра́зному. Из ка́ждого пра́вила есть (быва́ют) исключе́ния.

23) Я говорю́ серьёзно./Я шучу́.

24) У нас не при́нято публи́чно об э́том говори́ть (обсужда́ть таки́е те́мы).

25) Извини́те, если я вас оби́дел. Извините, я не хочу́ вас оби́деть, но у меня нет жела́ния говори́ть об этом. Это больно́й для меня вопро́с.

26) В це́лом я согла́сен, но целико́м и по́лностью согласи́ться не могу́. С одно́й стороны́…, с друго́й стороны́…

27) Приведу́ приме́ры (приме́р). ИЛИ: Я занима́юсь ра́зными ви́дами спо́рта, например, баскетбо́лом и бейсбо́лом.

28) Как я (уже) сказа́л ра́ньше.../…Я пото́м (ещё) об э́том скажу́…

29) Вы о́ба пра́вы. Обе сто́роны пра́вы. И то, и друго́е пра́вильно (Обе то́чки зре́ния пра́вильны).

30) В ка́ждой культу́ре/в ка́ждой стране́/у ка́ждого челове́ка свой взгляд на ве́щи, своя пра́вда.

31) (И то, и друго́е–кра́йности). Ну́жно иска́ть «золоту́ю середи́ну».

32) Этот вопро́с спо́рный, неоднозна́чный. Отве́тить на него тру́дно.

33) Вы меня́ убеди́ли/Вы меня́ не убеди́ли. Я оста́лся при своём мне́нии.

34) Извини́те, что перебива́ю. Не перебива́йте меня́, пожа́луйста, да́йте сказа́ть. Разреши́те, я зако́нчу.

35) Я потеря́л мысль, забы́л, что хотел сказа́ть.

36) Это всё (у меня всё, на э́том всё). Это всё, что я хоте́л сказа́ть.

Согласие(동의의 표현)	Несогласие(비동의의 표현)
Да, это так (пра́вильно, ве́рно). Вы пра́вы. Я то́же так ду́маю. Я ду́маю то́чно так же. Я того́ же мне́ния. Не бу́ду (с э́тим) спо́рить (=вы пра́вы). Согла́сен (с э́тим) (с э́тим мне́нием). Согласен с ва́ми (с ва́шим мне́нием). Оба (они) пра́вы. Ка́ждый прав по–сво́ему.	Не могу́ присоеди́ниться к ва́шему мне́нию. Нет, это не так (непра́вильно, неве́рно). Я так не ду́маю. Я не ду́маю, что это так. Я ду́маю по–друго́му. Я друго́го мне́ния. У меня́ друго́е мне́ние. Не соглашу́сь (не могу́ согласи́ться) с э́тим. Не согла́сен (с э́тим) (ни с тем, ни с други́м).

부록 3

본문에 나오는 중요 단어

Приложение 3

Ключевые слова к темам 1–8

про́звище 별명

тёзка 같은 이름을 가진 사람

однофами́лец 같은 성을 가진 사람

проро́чество 예언

суеве́рие 미신

предрассу́док 선입견, 편견

мудре́ц 철학자

менталите́т 사고방식

архи́в 고문서

возлю́бленный 사랑하는 자 влюблённый(кого)

пре́док 조상, 선조 (пото́мок)

праба́бушка 증조할머니

　праде́душка 증조할아버지

родосло́вная 족보

генеалоги́ческое де́рево 계통수

домосе́д 집에 있기를 좋아하는 자

воспи́танный 교양있는 воспи́тывать/воспита́ть

сангви́ник 다혈질의 사람

меланхо́лик 우울증의 사람

флегма́тик 점액질의 사람(느리고 둔한 사람)

холе́рик 담즙질의 사람(성미가 급한 사람)

прови́нция 시골, 지방

простоду́шный 순박한, 선량한

окра́ина 변두리, 변경

развраща́ть/разврати́ть 타락시키다 развращённый

черстве́ть 바짝 말라버리다, 냉담/무감각해지다.

саморо́док 타고난 재능이 있는 사람, 천연광

속담

чужби́на 타국, 외국

ма́чеха 계모

пригоди́ться 쓸모가 있다. 필요하다.

чертёнок ① чёрт 악마, 귀신의 지소사 ② 개구장이

горшо́к 항아리, 병, 화분

печь ① 난로 ② 굽다

станови́ть (устар.) ста́вить 의 방언: 놓다, 상연하다, 내놓다

주제 2. 일상의 아름다움: 외모와 패션에 대하여

отвлека́ть/отвле́чь от чего 옆으로 돌리다, 주위를 벗어나다, 방해하다

красота́ 미, 미인

освеща́ть/освети́ть 비추다, 조명하다, 해명하다 освещённый

гениа́льность 천재적인 일, 독창성

волнова́ть 흥분시키다, 동요시키다, 파도를 일으키다

восхища́ть/восхити́ть 황홀케하다, 매혹시키다 восхищённый

я́кобы (口) 마치 ~와 같이

унизи́тельный 모욕적인, 굴욕적인

черта́ 특징, (복) 외모, 생김새

подборо́док 턱

обая́ние 매력, 마력, 현혹된 상태

шарм (文) 매력, 매혹

уро́дство 기형, 불구, 추한 용모

суета́ 무가치, 큰 소동

доброде́тель 덕행, 선행, 미덕

почита́ть ~로 간주하다

(비교) 다른 뜻 ① 잠시 읽다 ② 존중하다

опра́вдывать/оправда́ть 무죄로 인정하다, 정당화하다, 변명하다

ка́торга 징역, 강제노동

наста́ивать/настоя́ть на чём 주장하다, 고수하다, 강청하다

поро́чность 비도덕적임, 결함성

зао́чный суд 결석 재판

ослепи́тельно 눈이 멀 정도로 찬란하게, 눈부시게

простова́тый 어리석은, 얼빠진

уще́рбный (달이) 이지러져가는

уще́рб 손실

поклоне́ние (文) 숭배, 예배

раздраже́ние 격분, 분개 раздража́ть

мсти́ть (мщу, мстишь...)/отомсти́ть кому за что/кого 에게 복수하다, 보복하다 отомщённый

развраща́ть/разврати́ть 타락시키다, 몸을 망치게 하다 развращённый

рабо́тать над собо́й 자기 완성에 노력하다

зре́лый 익은, 성숙한, 깊이 생각하는

опуска́ться/опусти́ться 내려오다, 낮아지다, 생략되다, 타락하다, (긴장이) 풀리다

деградѝровать 저하, 타락, 쇠퇴, 좌천 상태로 되다 деграда́ция

бре́мя 하중, 중압, 부담

относи́ться к чему 어떤 태도를 취하다, 관계하다, 의뢰하다

ма́ния 망상, 편집증

(참고) ~вели́чия 과대망상

~пресле́дования 피해망상

нарко́тик 마취제, 최면제

навя́зчивый 집요한, 귀찮게 따라다니는

~иде́я 강박관념

смиря́ться/смири́ться с чем 가라앉다, 누구러지다, 굴복하다

уве́рен, –а, –ы, что... ~라고 확신하다, 단언하다, 믿고 있다

что недосто́йно кого, чего... ~할 가치가 없는, 적합하지 않은

ведь 바로 ~이 아닌가, 정말로, 과연

за́мысел 계획, 기도, 의도, 모략, 구상

тупи́к 막다른 골목, 궁지

отменя́ть/отмени́ть 폐지·파기·취소하다

придава́ть/прида́ть 부여하다, 부가하다 кому что

полице́йский 경찰의, (남)경찰관, 순경

мунди́р 제복, 군복

обедня́ть/обедни́ть 가난하게 만들다, 빈약하게 하다

повседне́вный 매일의, 나날의

обезли́чивать/обезли́чить 개성을 없애다, 집단화하다

дисциплини́ровать 훈련·징계하다

обеспе́ченность 생활보장, 생활에 곤란함이 없는 것

доста́ток 유복, 풍족

속담

де́вичий 처녀의, –чья, –чье, чьи

ве́шалка 옷걸이, 모자 걸이, 매다는 끈.

ба́ба 농부(기혼의), (속) 여자

де́вка ① (속) де́вушка ② 품행이 나쁜 여자 ③ 농부의 딸

мяки́на 왕겨

фасо́н 형(태), 모양

коро́ва 암소

주제3. 건강과 병이 우리의 삶을 어떻게 바꾸나…

плане́та 유성, 혹성, (ㅁ) 운명, 숙명

профессиона́л 전문가, 프로 선수

посторо́нний 형)국외의, 외부의, 명)타인, 관계가 없는자, 국외자

заду́мываться/заду́маться 생각에 잠기다, 묵상하다, 주저하다

жа́лоба на кого–что (法) 소송

жа́лобы 불평, 푸념

раздраже́ние 흥분, 초조, 분개

хрони́ческое заболева́ние 만성질환

душе́вный 영혼의, 마음의, 동정심 많은, 충심의

сопротивля́ться кому, чему 반항하다, 저항하다

причиня́ть/причини́ть боль 고통을 야기하다, 가하다, 원인이 되다

возмеща́ть/возмести́ть 갚다, 보상하다, возмеще́ние

ущерб 해, 손실, (달이) 이지러짐

инвали́д 불구자, (軍) 폐병, 노병

застрахо́вывать/застрахова́ть кого от чего ~에게 …에 대해 보증하다, 보험에 들다

подрыва́ть/подорва́ть что ~을 (밑으로부터) 파내다

увяда́ть= вя́нуть/увя́нуть 시들다, 기력이 없어지다

состоя́тельный челове́к 재산이 있는 사람, 풍족한 사람

насле́дственная боле́знь 유전병

гемофили́я 혈우병

медици́на 의학, 의술

боле́знь Да́уна 다운증후군

безде́лье 무위, 한가함

переeда́ть/перее́сть 과식하다

у́мственно 지적으로

доста́ток 부유, 풍족

разделя́ть (чьё) мне́ние 의견을 (나누어) 같이 하다

주제 4. 소비의 철학 혹은 내 것이라는 이름 아래 지배

бла́го (선·이익·행복을 주는) 사물, 축복, 좋은 일, (복수) 복지

захламля́ть/захлами́ть что (口) ~을 쓰레기·잡동사니를 만들다

добива́ться/доби́ться чего ~얻기 위해 애쓰다, 노력하다

него́дность 쓸모 없는 것, 부적절한 것

нужда́ться 가난하다, 곤궁하다,

~в ком–чём ~이 부족하다, 필요하다,

нуждаю́щийся 가난한 자

э́такий 이런, 이와 같은, 정말로

лихо́й ① 간악한, 심한 ② 대담한, 위세 당당한

педанти́чный 학자 티를 내는, 사물을 충분히 이해하지 못하는, 전혀 융통성 없는

несо́бранный 깔끔하지 못한

невыноси́мый 견딜 수 없는

прости́телен, –льна, –льно, –льны 용서할 수 있는

мол (мо́лвит 또는 мо́лвил의) 생략형으로 간접화법으로 쓰임: ~라는 이야기다, ~라고 말한다

выска́зываться/вы́сказаться о чём 자신의 생각, 의견을 진술하다

наводи́ть/навести́ 돌리다, 향하게 하다, 일으키게 하다, (형태·성질을) 부여하다

  ~ поря́док 질서를 부여하다

завеща́тель 유언자, 유산양도자

  завеща́ть (완=불완) 유언하다

насле́дство 유산·상속·유전으로 얻은 것(유전병 등)

ще́дрый 아까워하지 않는, 잘 주는, 대범한, 풍부한

великоду́шный 관대한, 아량 있는

расточи́тельный 낭비하는, 돈 씀씀이가 헤픈

эконо́мный 절약의, 검소한

  (비교) экономи́ческий 경제의, 경제학의

растра́тчик 공금횡령자

  растра́чивать/растра́тить что ~을 횡령하다

транжи́р 낭비자

  транжи́ра 총칭)낭비자

мот 낭비자

бережли́вый 검소한, 절약하는

жа́дный 탐욕스러운

скря́га 구두쇠, 수전노

жмот 구두쇠, 노랭이

속담

пра́ведный 종교적 교리에 충실한, 경건한

пала́та 의회, 관청, 큰 병실, 넓은 건물, 궁전

при́быль 이윤, 이득

  убы́ток 증가

ги́бель 멸망, 파멸, (속) 다수

прах 먼지, 유해, 하잘것 없는 물건

оскудева́ть/оскуде́ть 가난해지다, 궁핍해지다, 감소하다

одино́чество 미혼, 독신, 고독

одино́кий 쓸쓸한, 고독한

незамени́мо 바꿀 수 없이, 대치 불가능하게, 귀중히

ненадёжный 의지할 수 없는, 믿을 수 없는, 불확실한

отверга́ть/отве́ргнуть 거절·거부·배척·기각하다

притво́рство 위선, 허위적 행위

вдвойне́ (부사) 두 배로

безысхо́дный 끝없는, 한없는

клубо́к 실 꾸러미, 구체, 덩어리, 다수

распу́тывать/распу́тать что ~을 풀다, 해명하다

психотерапе́вт 정신병 전문의

зага́дочный 수수께끼의 зага́дка

иеро́глиф 상형문자

схо́жий 닮은, 유사한(=схо́дный)

обрека́ть/обре́чь кого на что ~를 …로 예정하다, 운명 지우다

замыка́ться/замкну́ться во что, в чём 두문불출하다, 자물쇠로 닫히다

ро́бкий 겁 많은, 소심한, 수줍어하는

недове́рчивый 사람을 신용하지 않는, 의심 많은

окружа́ть 감싸다, 모여들다, 둘러싸다(кого окружа́ют какие люди)

жёсткие лю́ди 엄한 자들, 엄격한 사람들

рассчи́тывать 셈하다, 고려하다.

на кого–что (불완료상만) 예상하다, 기대하다, 의뢰하다

преодолева́ть/ преодоле́ть что ~을 극복하다, 이겨내다

своди́ть/свести́ 데리고 가다, 결말을 짓다, ~로 돌리다 свёл, –а́,–и́

афери́ст 투기꾼, 협잡꾼

афёра 투기적 사업, 협잡일

моше́нник 사기꾼, 협잡꾼

жу́лик 좀도둑, 사기꾼

располага́ть/расположи́ть к себе́ 동감·동정을 일으키다, 마음을 쏠리게 하다

~чем 소유하다, 마음대로 처리하다

озлобля́ться/озло́биться 통분하다, 원한을 품다

разу́мный 이성지는, 분별 있는, 총명한

чистопло́тный 청결한, 순결한

мане́ры 풍, 식, 방법(보통 복수로 쓰임)

мане́ра 양식, 특색, 태도

компете́нтный 통달한, 권한 있는, 권위 있는 компете́нция

на́вык чего ~에 대한 숙련, 습관적 반응

альтруи́зм 이타주의 эгои́зм

диста́нция 거리, 노정, 간격

отка́з от 거절, 거부, 사절(отка́зываться/отказа́ться от чего)

ра́венство 평등, 무차별, 등식

пережива́ние 심적 체험, 연출, 인상, 감각

вника́ть/вни́кнуть в настрое́ние (기분, 사기) 깊이 탐구하다, 규명하다

достига́ть / дости́гнуть(=достичь) чего (구체적으로) 다다르다, 이르다, 도달하다, 얻다

самоотве́рженность =самоотрече́ние 몰아, 헌신, 자기희생

растворя́ться/раствори́ться в чём, в ком ~에 용해되다, 섞이다

перека́рмливать/ перекорми́ть кого чем ~를 …로 너무 먹이다, 모든 사람을 먹이다

отчужде́ние 수용, 분리

золота́я середи́на 중용

перевоспи́тывать/перевоспита́ть кого ~를 재교육하다

лома́ть/слома́ть 부수다, 타파시키다, (불완료상만) 아프다, 쑤시다

осно́ва 기초, 토대, (文) 어간, 원리

в свой а́дрес 자신에 관하여

насто́лько…, наско́лько~ ~하는 만큼 그만큼…

наско́лько возмо́жно 할 수 있는 한

расслабле́ние 허약, 쇠약하게 하는 것

прямота́ 정직, 공명

в глаза́ 얼굴을 맞대고, 면전에서

состоя́ние 상태, 상황, 재산, 신분

несоизмери́мый 비교되지 않는, 어떤 점에서도 공통적이 아닌, 부동단위의

категори́чность 무조건적, 절대적임

зало́г 저당, 담보, 증거 (文法) 동사의 태

осужде́ние 비난, 질책, 판결

переде́лывать /переде́лать что, кого ~를 개조하다, 변경하다

справля́ться/спра́виться с чем–кем 처리하다, 다루다, 대조하다, 맞추어보다

ничто́жный 보잘것 없는, 하찮은

уничтожа́ть/уничто́жить что, кого ~를 멸망시키다, 폐지시키다, 무효로 하다

презира́ть 업신여기다, 경멸하다, презре́ние

пронумерова́ть что ~에 번호를 달다

аргументи́ровать что (완=불완) 논증하다

полноце́нный 충분한 가치가 있는, 규격, 기준대로의

получа́ться/получи́ться (у кого что получа́ется/получи́лось)

~에게 …이 얻어지다, 접수되다, 이르다, (口) 결과로 되다. 판명되다

навсегда́ 영원히

ссо́ра 다툼, 불화

спор 논쟁, 말다툼

сближа́ть/сбли́зить что/кого 가깝게 하다, 접근시키다, 친하게 하다

разнообра́зить что 다양하게 하다, 변화를 주다

разжига́ть /разже́чь что (разожгу́, –зожжёшь, –зожгу́т)

불타게 하다, 불지르다, 선동하다, 격화시키다

зачасту́ю (口) 자주, 때때로

пустя́к 시시한 일, 하찮은 물건

времяпровожде́ние 시간보내기 (=времяпрепровожде́ние)

проводи́ть/провести́ 보내다(시간을), 수행하다, 가설하다, 실시하다, 통과시키다

досто́йный чего ~의 가치가 있는, 당연한, 존경할 만한

достига́ть/ дости́чь=дости́гнуть чего(혹은 до чего) 도달하다, 달성하다, 얻다

속담

осужда́ть/ осуди́ть кого на что 유죄로 인정하다, 비난하다

сверчо́к 귀뚜라미

шесто́к 러시아식 난로 앞의 작은 대

брани́ться 서로 욕설하다, 말다툼하다

주제6. 우정에 대하여 혹은 그늘 없는 빛

сокрове́нный 내밀한, 비밀의, 유연한

(비교) открове́нный 비밀없는, 솔직한, 노골적인

приде́рживаться чего, за что (가볍게) 기대다, 붙잡다, 기대다, 따르다

совмести́мость 결합, 공존, 양립할 수 있는 것

пре́данность 충실성, 성실성

предава́ть/преда́ть кого, что 인도하다, 맡기다, 배신하다, 등지다

притворя́ться/притвори́ться кем ~인 척하다, 가장하다

опра́вдывать/оправда́ть что, кого

옳다고 인정하다, 무죄로 인정하다, 정당화하다, 변명하다, (기대, 예언을) 실현시키다

добива́ть/доби́ть кого 죽여버리다, 남김없이 부셔버리다

добива́ться/доби́ться чего (노력해서 어떤 일을) 얻다, 도달하다

чу́ткость 민감한 것, 동정심이 많은 것, 이해심

делика́тность 겸손함, 섬세함, 정교함, 예민함

унижа́ть/уни́зить что, кого 멸시하다, 헐뜯다, 창피를 주다

оскорбля́ть/оскорби́ть что, кого 모욕하다, 능욕하다

правди́вый 진실의, 성실의, 정직한

возвраща́ть/возврати́ть что, кого 되돌리다, 반환하다

долг ① 책임, 의무 ② 빚

до́йная коро́ва 젖소 (俗) 돈 구멍, 쉽게 돈을 빼내는 사람, 돈줄

до́йный 젖을 내는

ня́нька 유모

ня́нькин 유모의

всеце́ло(부사) 전연, 완전히

сла́бость 약함, 박약, 나쁜 버릇 к чему

ревнова́ть кого к~ кому …를 ~로 질투하다(к 뒤가 질투의 원인)

к чему …를 선망하다

созна́тельно 지각있게, 의식있게

подсозна́тельно 무의식적으로

сложи́ться (что сложи́лось у кого) ~로 구성되다, 이루어지다

жа́лоба куда, кому, на кого, на что 고소

жа́лобы на жизнь, на судьбу́ (인생, 운명에 대한) 불평, 푸념

утилита́рно 공리적으로, 실용적으로, 응용하여

прокуро́р 검사 –ский

предстоя́ть (кому предстоит что) 앞에 서다, 임박하다, ~하지 않으면 안된다

лицеме́рие 위선, 위선적 행위

ны́не (부사) (文) 현재, 지금 (형) 오늘날(=ны́нешний)

двойни́к 똑같이 생긴 자, 이중인격, 분신

(참고) вдвойне (부사) 두배로

дохо́д 수입, 소득 ≠ расхо́д

про́чный 견고한, 확실한, 내구적인, 동요없는

и́скренний 성의있는, 충심의

самолю́бие 자존심

заде́ть самолю́бие 자존심을 상하게하다

обходи́ться/обойти́сь кому, дёшево, до́рого

~에게 싸게/비싸게 든다, 걸리다, 필요하다

грань 각면, 자리수

охлажде́ние 냉담, 무관심, 냉각

вражда́ 불화, 반목

взаме́н (전치사) +чего …대신에, 교환으로, (부사) 대신에, 교환으로(в обме́н)

полага́ть 생각하다, 추측하다, 정하다

ра́бски 노예같이, 맹종적으로

преда́ть кого, что ① 인도하다, 맡기다 ② 배신하다, 등지다

преда́тельство 배신행위, 내통, 변질

предостерга́ть/предостере́чь кого от чего 경계하다, 경고하다

предостереже́ние 경계, 경고, (法) 감시

причиня́ть/причини́ть кому боль

(…에게 고통을) 야기하다, …의 원인이 되다, 입히다, 가하다

выдава́ть/вы́дать тайну кому ~에게 비밀을 누설하다

безжа́лостный 무정한, 무자비한

уязви́мый 상처 나기 쉬운, 상심하기 쉬운, 나약한

уязвля́ть/уязви́ть 상처입히다, 마음을 사로잡다, 모욕을 주다

уязвлённое самолю́бие 상처받은 자존심

разочаро́вываться/разочарова́ться в ком–чём 실망시키다, 환멸느끼게 하다

разочарова́ние в ком–чём ~에 대한 환멸

духо́вный 정신적인, 영적인, 종교적인

душе́вный 정신의, 영혼의, 마음으로부터의, 진심어린, 친절한, 동정심 많은

одноп́олый 동성의

разноп́олый 이성의

проверя́ть/прове́рить что, кого 조사하다, 검사하다, 확인하다

быть наедине́ с кем ~와 단 둘이서, 홀로, 외로이 있다

мора́льно 도덕적인, 윤리적인, 정신적인 (материа́льно의 반대)

полага́ть 여러 가지로 생각하다, 추측하다, 정하다

нра́вственный 도덕적인, 정신적인

тяну́ться за кем 뻗다, 퍼지다, 계속되다, ~을 얻으려고 노력하다

속담

табачо́к таба́к(담배)의 지소사

врозь (부사) 혼자서, 헤어져, 따로따로

выруча́ть/вы́ручить 구출하다, 벗어나게 하다, (장사해서) 판매대금 받다, (본전을) 찾다

주제7. 신세기의 사랑, 혹은 서로를 위해 만들어진 것

же́ртвенный 희생물의, 자기희생적인,

же́ртва 희생

же́ртвенность 자기희생

отве́тный 회답, 응답, 보복으로서의

жар 열기, 흥분, 정열

столбня́к 파상풍, 망연자실, 멍하니 정신을 잃는 것

пы́тка 고문, 고통

пыта́ть 고문하다, 괴롭히다

бе́здна 심연, 심해, 나락

отбра́сывать/отбро́сить что ~을 옆으로 던지다, 버리다, 사라지게 하다

духо́вность 정신적인 것, 영적인 것, 탈속

чу́вственность 감성, 육욕

не́что (주격, 대격만 사용) 무엇인가, 어떤 것

непознава́емый 인식할 수 없는

серде́чность 성의, 충심, 애정이 깊음

сопережива́ние 공동의 체험

милосе́рдце 자비, 동정

не́жность 상냥, 온화, 연약

вся́кий 모든, 어느 것이나

уны́лый 의기소침한, 우울한

се́рый 회색의, 교양없는

себялюби́вый 이기적인, 에고이스트적인

тра́вма 외상, 창상

вспы́шка 폭발, 발화, 돌발 вспы́хивать/вспы́хнуть

созрева́ть/созре́ть 익다, 성숙하다

обая́ние 매력, 마력, 황홀한 상태

доброжела́тельность 호감, 호의, 친절

потре́бность 소용, 필요 요구

избавля́ться/изба́виться от чего ~에서 벗어나다, 구제되다, 면하다

деба́ты 토론, 토의

ювели́р 귀금속, 보석

ювели́рный магази́н 보석상점

кримино́генный 범죄 발생이 될 만한, 범죄가 일어나기 쉬운

однолю́б(ка) 평생 한 여자(남자)만을 사랑한 자

плен 포로된 몸, 예속상태

флирт 남녀가 노닥거리는 것

разря́дка 어떤 말을 강조하기 위해 글자 사이를 비우는 것, 추탄, 방전

пали́тра　팔레트, 예술가의 표현 수단

добива́ться/доби́ться чего　얻다, 도달하다, 얻으려고 노력하다(нсв만)

поря́дочность　성실한 것, 예절바른 것

доброта́　선량, 인자, 친절

честь　정직, 공적, 명예, 체면, 정조

долг　의무, 본분, 부채, 빚

досто́инство　장점, 가치, 덕성, 품위, 지위, 관직

пре́сный　염분이 없는, 싱거운, 무미건조한, 김빠진

переме́нчвый　변하기 쉬운, 확실치 않은

бытие́　존재, 실제, 물질적 생활의 제 조건, 생활(비꼼)

бытьё　생활양식, 사는 법

возвыша́ть/возвы́сить кого　고양하다, 높이다, 승진시키다.

проходно́й (двор)　통과를 위한, 빠져나갈 수 있는

разбива́ть/разби́ть что　~을 깨뜨리다, 심하게 상처를 주다

наигра́ться　충분히 마음껏 놀다, 도박하다, 연주하다

ве́тошь　헌옷, 고물

мимолётный　빨리 지나가는, 찰나적인

приключе́ние　사고, 사건, 모험

застыва́ть/засты́ть　응고하다(얼어서), 딱딱해지다, 마비되다

отнима́ть/отня́ть что у кого

~을 …에게서 빼앗다, 탈취하다, 제거하다, 절단하다, (시간, 정력을)요하다

благополу́чие　무사, 안녕, 행복

избра́нник　사명을 띠고 선출된 자, 선택된 자, 총아

осознава́ть/осозна́ть что　~을 자각·이해·인식하다

гаранти́ровать от чего　~에서 안전하게 하다, 보장하다

проклина́ть/прокля́сть что, кого　~를 저주하다 (про́клял, прокляла́, –о, –и)

прокля́тие　저주, 욕설

зажива́ть/зажи́ть　(상처가)아물다, 노동으로 빌린 돈 갚다, (완료만) 살기 시작하다

оби́да　모욕, 능욕, 무례, 울화

дорожи́ть чем　높이 평가하다, 귀중히 여기다

награ́да　포상, 보수

убеждáть/убедúть кого в чём 설득하다, 납득시키다 убеждéние
гумáнный 인도적인, 인정 있는, 박애적인
отчуждённый 교제를 싫어하는, 고독한
бессердéчный 무정한
нерáвенство 불평등
ранúмый 상처 입기 쉬운
уязвúмый 상심 하기 쉬운, 나약한
уязвля́ть/уязвúть 상처를 입히다
чувствúтельный (чувствúтелен, –льна, –льны) 감수성이 예민한, 민감한
закаля́ть/закалúть что, кого ~을 단련하다, 강철로 만들다
недáром (부사) 까닭이, 이유가 있어, 효과가 있어, 목적이 있어

속담

шалáш (나뭇가지, 짐승가죽덮은) 임시막사, 날림집
лад 화합, 형, 화성
клад 재보, 금은(매장된), 귀중한 사람, 보물
пýще (сильнéе, бóльше) (부사) 더 심하게, 보다 많이
сóкол 매, 아름다운 젊은이의 상징, 친한 사람에 대한 애칭
козёл 수염소, 산양
окóшко окнó의 지소사

주제 8. 대단한 직업, 혹은 사람들에 의해 선택되는 일

всезнáйка 만물박사
отшéльник 은자, 은둔자, 속세 떠난 자
прокуратýра 검사직, 검사국
прокурóр 검사
банкúр 은행경영자, 은행가
трудогóлик 일중독자
гармонúчный 화성의, 조화의
наркóтик 마취제, 최면제

переутомле́ние 과로 переутомля́ть/переутоми́ть

богате́ть/разбогате́ть 부유해지다, 부자가 되다

спива́ться/спи́ться 술로 세월을 보내다

депре́ссия 의기소침, 우울증, 불황

развраща́ть/разврати́ть кого 타락시키다. 몸을 망치게 하다 развраще́ние

тупе́ть/отупе́ть (자) 무디게 되다, 둔해지다

сопротивля́ться кому–чему 반항하다, 저항하다

кова́рный 간교한, 교활한

поборо́ть 쳐부수다, 이기다

боро́ться/ поборо́ться с кем–чем ~와 싸우다, 투쟁하다

~за кого–что ~을 위하여 싸우다

подстёгивать/подстегну́ть кого ~를 채찍질하다, 내몰다

сапёр 공병(삽질하여 대호 파는 군인)

роди́льный дом 출산원

молоди́ть 실제보다 어리게 하다, 젊어 보이게 하다

лесни́к 산림간수, 임업 종사원

фе́рмер 농장주, 농장

фе́рма 경영자

прова́л 붕괴, 낭떠러지, 실패, 상실

прова́ливать/провали́ть 낙하시키다, 망치다, 거부하다

расша́тывать/расшата́ть что

~을 움직여서 흔들거리게 하다, 불안하게 하다(не́рвы), 동요시키다, 악화시키다

архи́в 고문서기록국, 문헌, 문서국 архи́вный

глота́ть/глотну́ть 삼키다, 들이키다, 닥치는 대로 읽다, 열심히 듣다

пыль 티끌, 먼지

(비교) пыл 격정, 분격, 화열

нача́льство 관청, 당국, 상사, 지배권

дави́ть 누르다, 압축하다, 짜내다

за–, раз– 짓누르다

у– 교살하다

наиме́нее (文) 가장 적게, 아주 근소하게

трудоспосо́бный 노동 능력이 있는
заслу́га 공로, 공훈
по заслу́гам 공적에 따라, 보답으로
по́двиг 공훈, 공적, 헌신적 행위
полага́ть 생각하다, 추측하다, 정하다, 결정하다
слу́жба 직무, 근무, 부
вое́нная слу́жба 군복무, 병역
на слу́жбу 근무에
своеобра́зный 독특한, 남과는 다른 데가 있는
отвраще́ние ① 혐오, 증오 ② 예방함, 옆으로 돌림, 피함
престу́пник 죄인, 범죄인
боге́ма 보헤미안, 방종한 생활 боге́мный
облада́ть чем 영유하다, 점유하다, 가지다
облада́ть хоро́шим слу́хом 좋은 청각을 가지다
ср. владе́ть собо́й (주의: 이때 обладать собой라고 하면 안됨) 억누르다. 자제하다
расчёт 계산, 결제, 예산
призва́ние 천직, 사명, 호소
к чему ~에 대한 천부적 재능
тя́гость 무거운 짐, 부담, 피로
быть кому в тя́гость ~에게 부담을 주다
опла́чивать/оплати́ть 지불하다, 보상하다
хорошо́ опла́чиваемая рабо́та 수입이 좋은 일
незауря́дный 보통 사람과 다른, 비범한
зауря́дный 진부한, 평범한
проявля́ть/прояви́ть что ~을 나타내다, 발휘하다, (사진을) 현상하다
до́ля 부분, 분수, 배당, 운명
зерно́ 알곡, 맹아, 기원 зерново́й
ги́бкость 잘 구부러짐, 융통성 있음, 고분고분함
исчеза́ть/исче́знуть 사라져 버리다, 자취를 감추다, 꺼지다